도심
한옥에서
브랜딩을
찾다

도심 한옥에서 브랜딩을 찾다

박현구 지음

북촌이라는 세계관을 파는 브랜드 '호텔 노스텔지어' 이야기

design house

들어가며

25년 차 브랜딩 디렉터가 'O'에서 시작한 노스텔지어 창업기

우리는 하루 동안 몇 번의 선택을 할까요? 명망 높은 어느 과학자의 이야기를 들어 보니, 평균적으로 150번의 선택을 한다고 합니다. 잠자는 8시간을 빼고 16시간을 기준으로 계산하면, 시간당 9.38회, 대략 6분 24초마다 뭔가를 결정하고 있는 셈입니다. 선택이 매시간 균등하게 이루어지는 건 아니니까, 특정 시간대에는 더 바쁘게 더 많이 결정할 겁니다. 아침에 어떤 옷을 입을지, 무엇을 먹을지, 누구와 만날지, 어떤 말로 인사할지, 또 뭘 먹을지, 퇴근 후에 누군가를 만날지 집으로 바로 갈지, 쇼츠를 볼지 나가서 운동할지…, 이런 식으로 선택하다 보면 어느새 하루가 끝나 있습니다. 인생을 한 글자로 말하자면, 정말 B^{birth}과 D^{death} 사이의 C^{choice}인지도 모르겠습니다.

복잡한 걸 좋아하는 사람은 많지 않습니다. 대다수는 단순한 걸 선호합니다. 복잡한 것은 어렵고 난해하지만 단순한 것은 명쾌하고 분명하기 때문인 것 같습니다. 저는 좋고 싫다는 단순한 감정을 신뢰하는 편입니다. 좋고 싫음은 감각의 피드백에 가까워 굳이 설득의 논리를 끌어올 필요가 없습니다. 먹고 사는 일과 관련한 일상의 수많은 선택은 대개 감각적으로 이루어집니다. 그냥 끌리는 쪽을 고르는 거지요. 길을 걷다 침샘을 자극하는 음식점 앞에서 발걸음이 멈추거나, 편집숍을 지나다 내 스타일이다 싶은 셔츠를 사거나, 평소 좋아하는 브랜드의 시즌 상품을 장바구니에 담는 일은 숙고의 결과라기보다는 충동적 행위입니다. 충동은 목적이나 의도가 없는 자동 반사에 가까운 마음의 표현이자 본능의 작용입니다. 물이 아래로 흐르고 불이 위로 타오르는 것처럼 특정한 목적이나 의도가 없는 자연스러운 움직임입니다.

한국인이 유난히 좋아하는 철학자 아르투어 쇼펜하우어는 이 세계가 생각이 아니라 맹목적인 '의지'로 이루어졌다고 주장했습니다. 이 세계가 무엇으로 이루어졌는지는 확신할 수 없지만, 저는 비즈니스 세계가 '뜻'으로 이루어졌다고 생각합니다. 큰돈을 벌겠다는 뜻, 세상에 없던 무언가를 만들겠다는 뜻, 업계의 신화가 되겠다는 뜻, 가족의 자랑이자 자부심이 되겠다는 뜻 등등. 그 내용은 각자 서 있는 위치만큼 다르겠지만 뜻의 공통 뿌리랄까, 궁극적 지향은 유사한 것 같습니다. 바로 대체할 수 없는 브랜드가 되고 싶다는 열망입니다. 소비로 자신을 표현하는 시대, 내가 사는 것이 곧 나를 얘기해 주는 바람에 소비가 개인의 아이덴티티로 연결되는 사회에서 독점적 가치를 갖는 브랜드는 현대인의 일상에, 그 무수한 선택의 순간에, 그래서 그들의 삶에 긴밀하게 관여합니다.

저는 북촌에서 '노스텔지어'라는 한옥 호텔을 운영하며, 유서 깊은 북촌의 문화 브랜드 개발에 힘쓰고 있는 박현구라고 합니다. 2025년 기준으로 여섯 채의 한옥 호텔을 운영 중이고요. 감사하게도 가치를 인정해 주는 분들이 많아 좋은 평가를 받고 있습니다. 해마다 두 자릿수 이상의 퍼센티지로 성장하며 업계에서 최초라 할 수 있는 기록을 늘려 가고 있습니다.

저는 호텔 업계에서 일한 적이 없습니다. 2001년 브랜딩 전문회사 브랜딩컴을 창업한 이래 브랜드 컨설팅을 주업으로 삼아 왔습니다. 창업 전 브랜딩 회사에서 사회생활을 시작했으니 브랜드 업계에서의 이력은 근 30년을 향해 갑니다. 큰일, 작은 일 마다하지 않았으나 시간이 지날수록 규모가 큰 기업이 우리 회사를 주로 찾아 주었습니다. 예술 작품에 관심이 많아 컨설팅하며 작은 갤러리를 운영하기도 했고, 투자 공부도 열심히 해 왔습니다.

짧지 않은 시간 동안 안전한 보호막 없이 맨몸으로 현실에 부딪치며 경험한 바에 근거해 말하자면, 비즈니스 현장에서 중요한 것은 뜻보다는 '쓸모'인 것 같습니다. 뜻은 그 자체로 존중받을 힘이 없습니다. 많은 현대인이 생각을 하는 것보다 멈추는 것이 어려운 것처럼 '무엇을 하겠다고 속으로 먹는 마음'은 갖는 것보다 갖지 않는 것이 어렵습니다. 뜻은 행동으로 옮겨져야만 힘을 갖고, 실행된 결과로 가치를 갖습니다.

살아 있는 모든 것은 환경의 영향을 받습니다. 뜻을 쓸모로 전환하는 것도 환경입니다. 예를 들어, 맹자라는 위대한 성인은 그의 어머니가 억척스럽게 개척한 환경의 결과입니다. 저는 비즈니스 환경을 뜻이 구현될 수 있는 체계, 즉 시스템이라 정의합니다. 재능 있는 요리사가 뜻을 펼치려면 주방 설비, 식자재 공급망, 적절한 입지가 필요합니다. 천재적인 맛의 조합이 머릿속에 빼곡해도 그것을 구현할 유무형의 체계를 갖추지 못하면 공상에 그칩니다. 스타트업 창업자의 혁신적 아이디어도 마찬가지입니다. 앱은 누구나 만들 수 있지만, 그것을 상업적으로 성공시키려면 사업장, 통신 설비, 유통망 같은 현실적인 운영 체계가 필수적입니다. 돈, 인적 네트워크, 시장 상황도 시스템을 구성하는 일부입니다.

비전은 그것을 뒷받침하는 견고한 실행 체계가 있어야 현실적 결과물이 됩니다. 추상적 의도도 그것을 받쳐 줄 다층적 시스템이 있어야만 구체적 가치로 전환됩니다. 이런 맥락에서 이 책은 시스템을 만들기 위해 분투한, 여전히 시스템을 만들어 가는 중인 사람의 현장 경험담입니다.

IMF 위기의 정중앙에서 대학을 졸업했습니다. 취업의 길은 막혀 있었고, 딱히 비빌 언덕도 없었습니다. 당시는 취준생이라는 단어가 없어 매일 도서관으로 출근하는 백수로 6개월을 살았습니다. 오래전 그때가 아직도 생생한 걸 보면 반년의 시간이 참 어려웠던 것 같습니다. 인간은 자신의 쓸모를 찾지 못하면 불안이라는 근본 감정을 질병으로 만들기 쉽습니다. 다행히 그 쓸모는 부지런하거나 성실하면 찾을 확률이 높습니다. 지금 일어나고 있는 사회 현상과 사람들이 좋아하고 관심을 두는 경향에 촉각을 곤두세우고 있다면 확률은 더 높아질 거고요.

사회인이 된 이후 하나의 직업만을 가졌던 적이 없습니다. 줄곧 몇 개의 직업을 병행했습니다. 브랜딩 디렉터이자 네이미스트로, 아트 컬렉터이자 갤러리 운영자로, 투자자이자 디벨로퍼로, 저의 쓸모를 확신할 만한 환경을 끊임없이 찾아 조금씩 저만의 영역을 넓혀 갔습니다. 써 놓고 보니 말이 거창한데, 하나의 직업에 정주하지 못한 이유는 돈을 벌어야 했기 때문입니다. 또래보다 결혼을 빨리해 생활의 무게가 무서울 만큼 무거웠습니다. 회사에서 업무를 한창 배워 갈 무렵에 호기롭게 독립해 창업했고, 월급을 받는 게 아니라 월급을 줘야 하는 상황에 놓이다 보니 놀기보다 일하는 쪽이 마음 편했습니다. 일이란 게 하다 보면 재미도 있는지라 빡빡한 일상이 불만스럽지 않았습니다.

브랜딩컴을 운영하며 한 해에 적게는 열 건, 많게는 스무 건의 브랜드 컨설팅, 브랜드 네이밍, 브랜드 디자인 프로젝트를 수행했습니다. 크고 작은 기업의 세계관을 350여 건 구축한 셈입니다. CI^{Corporate Identity}, BI^{Brand Identity} 프로젝트의 본질은 기업과 브랜드만의 특별함을 발견하고, 고유한 세계관을 구축하는 일입니다. 돌이켜 보면 프로젝트마다 클라이언트의 고유한 꿈과 야망과 목적이 담겨 있었고, 저는 그들의 이야기를 브랜딩 언어로 번역하는 모종의 통역사 역할을 했습니다.

제삼자 입장에서 클라이언트를 위한 컨설팅에 주력하는 일은 객관적이고 전지적인 시선을 전제합니다. 개인의 취향이나 주관을 배제하고, 클라이언트와 그들의 고객이 원하는 것, 시장에서 유효한 지점을 빠르게 파악하는 것이 브랜딩의 기본입니다. 기본기는 체득하기는 쉬워도 체화하기는 어려워 온전히 내 것으로 만들려면 그만한 대가를 치러야 하는 것 같습니다. 저에게는 그 대가가 자아의 변화라는 결과로 찾아왔습니다. 기본에 충실해 브랜딩 프로젝트를 수백 번 반복하다 보니, 컨설팅 업무에 최적화된 구조로 사고의 프레임이 짜였고, 그에 따라 성격까지 변해 버렸습니다(실제로 MBTI가 E에서 I로, P에서 J로 바뀌었습니다).

브랜딩이란 무엇일까요? 그것은 나만이 가진 것을 찾아가는 여정이라 생각합니다. 제 생각이 진부하게 느껴지나요? 그렇다면 '여정'에 방점을 찍어 보길 권합니다. 모든 개인은 고유하고 유일합니다. 개별 브랜드 역시 고유하기에 그 고유함을 찾아가는 과정이 진부할 수는 없습니다.

세상에는 좋은 아이디어와 멋진 콘셉트를 가진 브랜드가 넘쳐 납니다. 오래도록 기억되고 사랑받는 브랜드가 되려면 상대적 희소성이 아니라, 오직 나만이 가질 수 있는 절대적 희소성을 발견해야 합니다. 희소한 것은 사람들의 시선을 끕니다. 희소한데 내용까지 건전하면 시선과 마음을 사로잡습니다. 거기에 진정성까지 더해지면 마음에 뿌리 같은 것이 내립니다. 그렇게 시간이 흘러도 바래지 않는 브랜드가 탄생합니다. 무정한 시간의 흐름을 견뎌 내며 희소성의 지위를 지켜 낸 것은 진짜 보물이 됩니다. 하이 판타지를 만든 톨킨의 대표 저작인 《반지의 제왕》에 나오는 절대반지처럼요.

다양한 브랜드의 성공과 실패를 지켜보며 비즈니스 경험을 쌓아 왔지만, 앞서 고백한 대로 저는 호텔업에 문외한이었습니다. 여행을 좋아하고 출장도 잦은 편이라 호텔을 자주 찾았고, 호스피탈리티에 관한 취향도 있었지만 어디까지나 고객 관점이었습니다. 고객과 사업자의 시각은 천지 차이입니다. 관중석에서 아무리 많은 경기를 관람해도 선수가 될 수는 없는 것처럼요. 그런 제가 한옥 호텔을 만들겠다고 나섰을 때 모두 반대하고 실패를 예견했습니다.

걱정과 염려의 옷을 입고 있어도 털어 내고 보면 악담인 얘기들이 대부분이었지만, 서운하거나 화나지는 않았습니다. 저만의 관점과 경험으로 세상에 없던 새로운 가치를 만들고 싶었습니다. 제삼자의 시선으로 과제 하듯 프로젝트를 수행하는 것이 아니라, 일인칭의 주체로 절대적 희소성을 가진 브랜드를 만들고 싶었습니다. 기존의 성공 사례를 따라 하고 싶지도 않았습니다. 전통 가옥의 특별함과 서울 내 가장 오래된 한옥 밀집지인 북촌의 절대적 희소성, 일회적 유행이 아니라 시대적 경향성이 될 한류에 대한 확신이 있어 가능한 일이었습니다. 시쳇말로 브랜딩 업계의 '고인물'이 완전한 제로 상태에서 시작한 노스텔지어의 창업과 확장은 저만의 절대반지를 찾아가는 여정입니다.

2022년, 세상에 첫선을 보인 노스텔지어는 그렇게 탄생했습니다. 노스텔지어의 특별함은 북촌이라는 지역 정서에 큰 빚을 지고 있습니다. 경복궁과 창덕궁 사이의 북촌은 조선 건국 이후 600여 년간 지식인들의 중심지였습니다. 과거에 급제한 관료와 신진 사대부가 터를 잡고, 북학파와 개화파 같은 진보적 지식인이 새로운 문물을 받아들이며 살았던 곳입니다. 나아가 북촌은 일제강점기에는 독립운동의 거점 역할을 했던 플랫폼입니다. 시간이 보증하는 지역의 역사는 대체할 수 없는 유산이자 사라지지 않는 인장이 될 수 있습니다. 어원적으로 살펴보면 브랜드는 자기만의 인장을 만드는 일인데, 북촌은 그 역사성에 근거할 때 이미 뛰어난 브랜드라고 볼 수 있습니다. 단지 그동안 브랜드로서의 가치가 발견되지 않았을 뿐입니다.

노스텔지어는 고급 한옥 호텔이라는 카테고리에 머물지 않습니다. 빼어난 한국의 콘텐츠를 세상에 선보이는 문화 플랫폼이자 쇼룸이기도 합니다. 한국 전통에 기반하면서도 아무도 시도하지 않았던, 누구도 생각하지 않아서 지금까지 존재하지 않았던 새로운 한국 문화 콘텐츠를 창조하는 장소입니다. 이제부터 전통의 뿌리를 현대의 감각으로 재해석하고, 한국의 정체성을 바탕으로 세계 각국의 다양한 문화와 사고를 포용하며, 기존의 틀을 벗어나 혁신적 실험을 펼쳐 나가며 '뉴 헤리티지'의 정신을 만들어 가는 노스텔지어의 생장 스토리를 들려드리려고 합니다. 막연한 꿈이 현실이 되기까지, 아이디어가 실제 가치로 변화하기까지, 그 과정에서 만난 수많은 시행착오와 깨달음을 솔직하게 나누어 보겠습니다.

북촌의 노스텔지어 지도

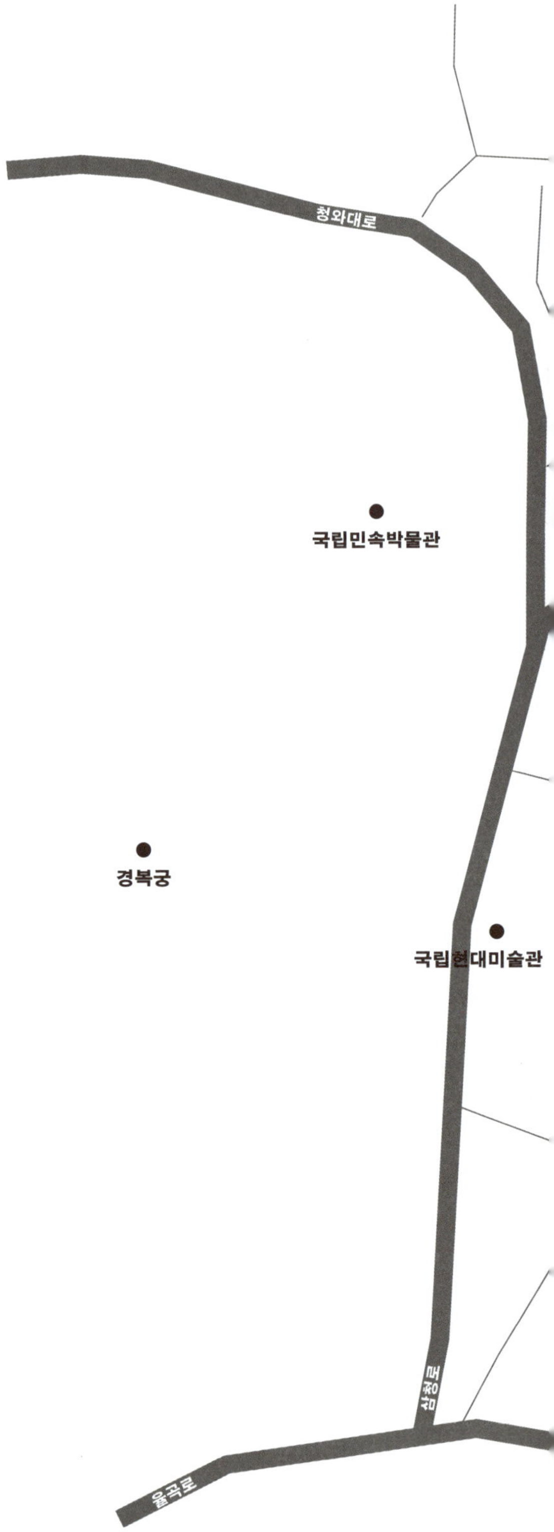
청와대로
국립민속박물관
경복궁
국립현대미술관
삼청로
율곡로

노스텔지어 호텔

노스텔지어 플래그십 스토어

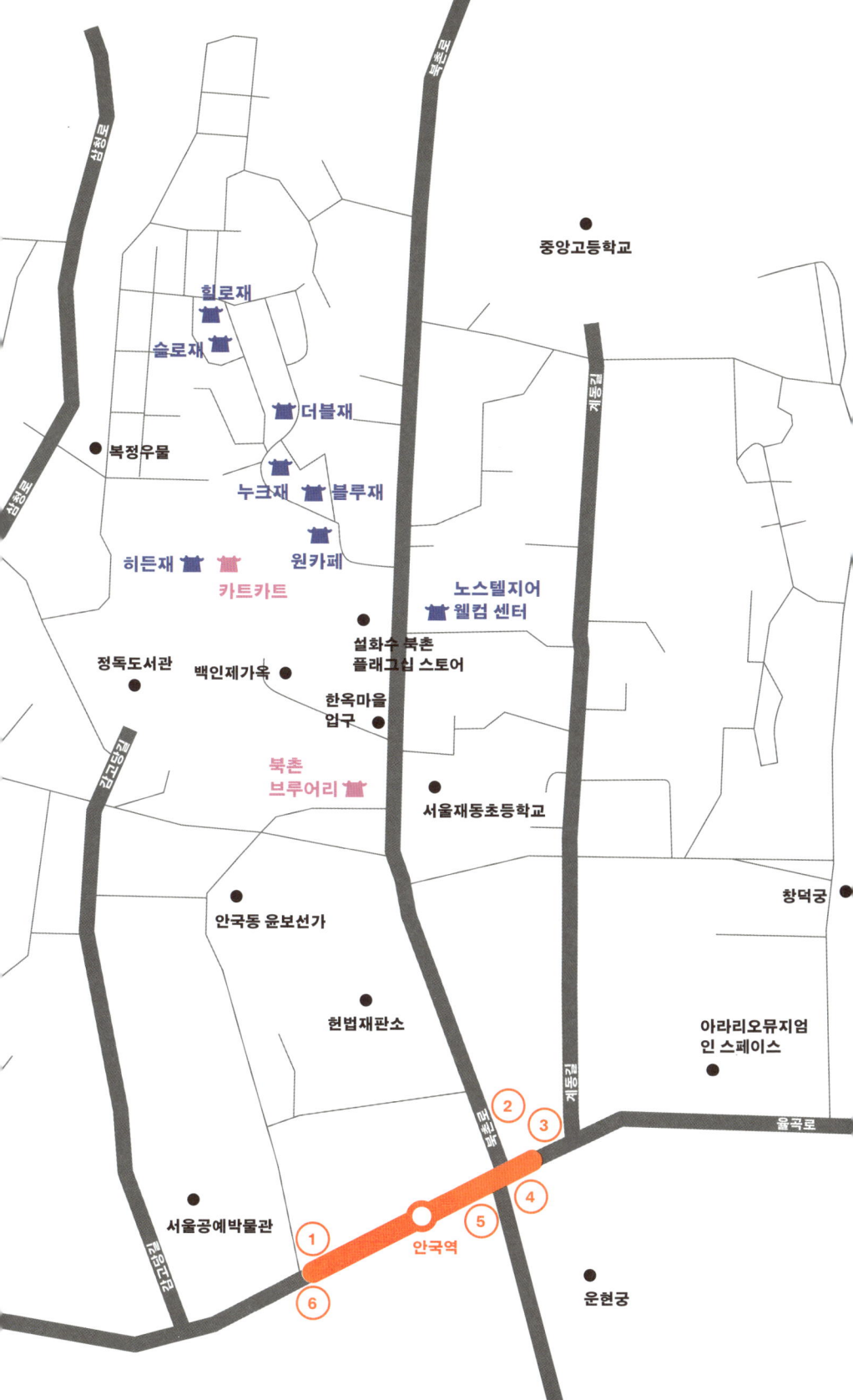

차례

들어가며
25년 차 브랜딩 디렉터가 'O'에서 시작한
노스텔지어 창업기　　　　　　　　　　005

북촌의 노스텔지어 지도　　　　　　　014

1장　싱킹
고급 한옥 호텔을 운명으로 만든,
브랜딩 디렉터의 사고법

01　형식(形式):
　　사랑받느냐, 외면받느냐는 '사고 시스템'의 차이　023

02　지관(止觀): 진짜를 발견하는 열쇠　　　　　032

03　원천(源泉): 금광보다는 금맥을 차지하라　　039

04　감수(甘受): 장사할 것인가, 투자할 것인가　　043

05　역전(逆轉):
　　아직 아무도 보지 못한 것을 보려 한다면　　049

06　전진(前進): '팔다'가 '팔리다'가 되는 마법　　054

2장 — 빌딩

창조가 아니라 재해석한다, 노스텔지어의 브랜딩 전략

01 '주거'라는 일상성을 벗어난 한옥의 쓸모 　　　061
　　브랜딩은 '원형'을 찾아내는 일 　　　061
　　익숙한 듯 낯선, 낯선 듯 익숙한
　　노스텔지어만의 호스피탈리티 　　　066

　　청색 기와 아래서 그리는 오래된 미래: 블루재 　　　071
　　보존과 리노베이션 사이에서 　　　071
　　호텔이 아니다, 문화 플랫폼이다 　　　076

02 아만을 꿈꾸지만 아만을 흉내 내지 않는다 　　　079
　　내가 하려는 것을 세상도 원하게 하는 법 　　　079
　　차별성과 진정성이 공허해지지 않으려면 　　　083

　　대문 하나만 열면 펼쳐지는 새로운 세상: 슬로재 　　　088
　　객실이 곧 예술품이 되다 　　　089
　　고객은 디테일과 스토리텔링에 감응한다 　　　091

03 K헤리티지를 다시 생각하다 　　　097
　　우리가 만드는 것은 문화재도, 박물관도 아니다 　　　097
　　섞어라, 그러면 팔릴 것이니 　　　100

　　규모의 한계를 이긴 협소한 한옥의 매력: 누크재 　　　104
　　신규 고객은 알고, 기존 고객은 모르는 것 　　　106
　　프로젝트별 전문가를 전략적으로 선택한다 　　　107
　　고객 경험 차별화에 올인하다 　　　109

04 시스템이 곧 생존이다 — 112
한옥 호텔 오너의 이상과 현실 — 112
비싸도 팔리는 서비스의 기본 — 117
내부 마케팅이 먼저다 — 122

불변의 진리, 고객은 비일상성을 갈망한다: 힐로재 — 124
감정과 경험을 서비스하는 호텔 — 126
한계를 천착하면 블루오션이 보인다 — 127

05 고인물이 되지 말자 — 132
호텔업 모르는 오너의 환대 기술 — 132
고객은 '놀라움'을 가장 기대한다 — 138

무엇이 브랜드를 신비롭게 만드는가: 히든재 — 146
만족감은 발견의 기쁨에서 온다 — 146
공간에 서사를 부여하는 장치, 디테일 — 149
희소성과 브랜드 가치의 상관관계 — 152

06 '빨리'가 아니라 '멀리' 가는 것이 성공이다 — 156
컬래버레이션을 고집하는 이유 — 156
브랜드는 호기심을 먹고 자라난다 — 158

함께 가야 멀리 간다: 더블재 — 165
시너지를 만드는 협업의 기술 — 165
고객 경험 설계와 최적화된 터치 포인트 — 169

3장 디깅
먼저 사랑하라 그러면 사랑받는다, 브랜드 세계관 확장의 기술

01 제품이 아니라 브랜드를 파는 F&B ... 177
 프리미엄 막걸리를 만든 이유는
 많이 팔기 위해서가 아니다 ... 177
 휴대성 좋은, K기념품을 만들다 ... 180

02 라이프스타일 비즈니스란 무엇인가 ... 183
 마스크팩 사 가는 관광객 때문에 시작한 사업 ... 183
 뉴욕에서 공예품을 파는 호텔이라니? ... 186
 호텔 객실에서 전시회를 여는 이유 ... 189

03 가회동도 포르투가 될 수 있을까 ... 194
 헤리티지, 뉴 헤리티지 ... 194
 우리가 도시 브랜딩에 투자하는 이유 ... 197

나가며
북촌에서 맨해튼까지, 문화 대사관의 꿈 ... 206

0 1 **형식(形式)**

사랑받느냐, 외면받느냐는 '사고 시스템'의 차이

현대인의 하루는 브랜드와 함께 시작하고 끝이 납니다. 아침에 알람 소리를 들으며 눈을 뜨고, 밤에 베개에 머리를 눕힐 때까지 우리는 끊임없이 브랜드 메시지를 접하며 살아갑니다. 스마트폰을 켜면 앱 아이콘들이 우리를 맞고, 길을 걸으면 간판과 광고판이 눈에 들어오며, 쇼핑할 때는 진열된 상품이 시선을 끌고, 심지어 잠들어서도 꿈속에 브랜드 이미지가 나타납니다. 어쩌면 우리는 사람들보다 브랜드와 더 많이 만나고 교감하며 하루를 보내는지도 모릅니다. 우리의 의식에 깊숙이 파고들어 무의식까지 점령한 브랜드란 도대체 무엇일까요?

브랜드는 기업이나 제품의 고유한 정체성을 나타내는 종합적인 개념입니다. 이름, 로고, 색상, 슬로건 같은 요소부터 품질, 서비스, 기업 문화까지 유무형의 질료들이 하나로 어우러져 소비자의 마음에 특별한 인상을 만듭니다. 브랜딩 업계에 종사하는 많은 사람이 브랜드를 사람에 비유하는데 저 역시 같은 입장입니다. 브랜드는 인격을 가진 사람의 캐릭터처럼 작동합니다.

우리는 누군가를 처음 만날 때 외모, 말투, 행동 방식을 통해 그의 캐릭터를 파악합니다. 브랜드도 마찬가지입니다. 브랜드 네임, 온라인 플랫폼, 오프라인 매장 분위기, 직원의 서비스, 제품 품질 등 모든 접점이 브랜드의 캐릭터를 드러냅니다. 무엇을 파는지도 중요하지만 이제는 어떤 가치를 추구하며 특정 제품을 만드는지, 그 제품을 매개로 고객에게 특정 경험을 선사하는지가 더 중요합니다. 브랜드는 감정과 논리가 만나는 지점에서, 소비자와의 깊은 유대를 통해 형성된 무형의 자산입니다.

예를 들어, 애플은 소비자에게 '생각이 다른Think Different' 철학, 직관적이고 세련된 사용자 경험, 기술과 인문학의 교차점에서 발생하는 혁신을 약속합니다. 제품을 구매하는 순간, 소비자는 단순한 기기가 아닌 애플의 가치관과 라이프스타일을 선택하는 것입니다. 테슬라라는 브랜드는 소비자에게 지속가능한 미래에 대한 신념, 혁신적이고 스마트한 운전 경험, 인간을 노동에서 해방시켜 줄 물리적 AI 세계의 구현, 환경 보호와 첨단 기술의 조화에서 탄생한 혁신을 약속합니다. 테슬라를 구매하는 순간, 소비자는 단순한 자동차가 아닌 친환경적 가치관과 미래지향적 세계관을 선택하는 것입니다.

브랜드가 자기만의 캐릭터라면, 브랜딩은 캐릭터를 만들어 가는 과정입니다. 브랜딩은 브랜드라는 잠재적 씨앗을 심고, 가꾸고, 열매 맺게 하는 총체입니다. 로고를 만들거나 광고를 내보내는 것을 넘어서, 기업의 DNA부터 고객이 느끼는 마지막 순간까지 모든 접점을 전략적으로 설계하고 관리하는 것이 브랜딩입니다. 브랜딩의 궁극적 목표는 고객의 선택 기준이 되는 것입니다. 가격이나 기능을 넘어서 '이 브랜드니까 선택한다'는 충성도를 만들어 내는 것이지요. 브랜딩은 소비자가 브랜드를 절친한 친구로, 조건 없이 사랑하는 스타로, 절대적으로 추앙하는 종교로 만드는 관계적, 예술적, 과학적인 활동입니다.

브랜딩 과정은 크게 세 단계로 나눌 수 있습니다. 1단계는 정체성 확립의 단계로 '우리는 누구인가?'를 명확히 하는 과정입니다. 이 단계에서 기업의 핵심 가치, 존재 이유, 추구하는 바가 구체화됩니다. 2단계는 외적 표현 개발의 단계로, 내적 정체성을 시각적, 언어적으로 구현하며 디자인, 네임, 메시지, 톤 앤드 매너 등을 일관성 있게 연결합니다. 3단계는 관계 구축과 유지의 단계로, 고객과의 모든 만남에서 브랜드 약속을 실천하며 신뢰와 애정과 존경의 감정을 쌓아 갑니다.

브랜딩 컨설팅을 하며 만난 클라이언트들에게 항상 강조하는 것이 있습니다. 브랜드의 핵심 기능이 크게 두 가지라는 점인데, 바로 브랜드 에센스 Brand Essence 와 차별성입니다.

브랜드 에센스는 브랜드의 영혼입니다. 브랜드가 존재하는 근본 이유와 목적을 함축하는 핵심 메시지로, 브랜드 정체성을 관통하는 모종의 대동맥처럼 모든 브랜딩 활동과 커뮤니케이션을 하나로 연결합니다. 소비자에게는 브랜드를 처음 인식하게 하는 핵심 요소이자 감정적 유대의 기반이며, 경쟁 브랜드들 사이에서 자기만의 캐릭터를 드러내는 차별점이기도 합니다. 브랜드 에센스는 '우리는 무엇을 위해 존재하는가?'라는 질문에 대한 가장 명확하고 간결한 답변입니다. 노스텔지어를 만들 때도 저는 600년 북촌의 역사성과 현대적 호스피탈리티가 만나는 지점에서 탄생한 '뉴 헤리티지'를 추구하는 유일무이한 공간이라는 브랜드 에센스를 명확히 했습니다.

차별성은 '다른 브랜드와 뭐가 달라?'라는 질문에 대한 답입니다. 경쟁사와의 명확한 구별점을 제시하는 거지요. 이를테면 좋은 호텔들이 넘쳐 나지만 전통 한옥의 공간감과 현대적 편의성을 동시에 경험할 수 있는 곳은 많지 않습니다.

좋은 가치를 창출하는 브랜드와 그렇지 못하는 브랜드를 구분하는 기준은 명확합니다. 전자는 고객 마음속에 선명하게 각인되어 특정 상황에서 자연스럽게 가장 먼저 떠오릅니다. 긍정적인 경험으로 소비자의 마음에 남아 신뢰와 믿음을 쌓고, 시간이 흘러도 그 가치가 바래지지 않습니다. 후자는 기억에 남지 않거나 다른 브랜드와 혼동됩니다. 부정적 연상을 불러일으켜 사람들이 피하고 싶어 합니다. 피하고 싶은 것보다 치명적인 것은 존재감이 없는 경우인데요. 때로는 강한 부정적 인식도 하나의 브랜딩이 될 수 있습니다. 진짜 문제는 아무런 인상도 남기지 못하는 상태입니다.

요즘은 브랜드를 둘러싼 환경이 예전보다 훨씬 복잡해졌습니다. 소셜미디어를 통해 개인마다 브랜드를 다르게 경험하고, MZ세대는 기존 브랜드들을 새롭게 해석하기도 합니다. 브랜드 메시지가 전달되는 경로도 다양해졌습니다. 과거에는 광고와 매장에서 브랜드를 만났다면, 이제는 인플루언서의 후기에서, 온라인 커뮤니티의 입소문에서, 심지어 밈을 통해서도 브랜드를 경험합니다. 그럼에도 브랜드의 본질은 변하지 않습니다. 기억하게 만드는 것, 그 기억이 좋은 방향으로 작용하도록 만드는 것입니다. 정보가 넘쳐 나는 시대일수록 명확한 차별점을 가진 브랜드의 가치가 빛을 발합니다.

수백 건의 브랜딩 프로젝트를 수행하며 깨달은 것이 있습니다. 성공하는 브랜드와 그렇지 못한 브랜드에는 '사고 시스템'의 차이가 있다는 점입니다. 브랜딩은 단발성 이벤트가 아닙니다. 로고를 만들고, 슬로건을 정하고, 광고를 집행하는 것으로 끝나는 일이 아니라는 뜻입니다. 진정한 브랜딩은 기업의 모든 의사결정에 일관된 철학이 스며들도록 하는 사고 시스템에서 비롯됩니다.

브랜딩 사고 시스템이란 브랜드 에센스를 찾고 차별성을 확립하는 사고의 틀이자 사유 방식입니다. 브랜딩컴은 브랜드 컨

북촌의 역사성과 현대적 호스피탈리티가 만나 탄생한 노스텔지어는 여섯 채의 독채 한옥으로 구성된 한옥 호텔이다. 사진은 그중 한 채인 블루재.

설팅 전문회사로 브랜딩 전반을 기획하지만, 주특기는 브랜드 네이밍입니다. 브랜드 네임은 기업의 고유한 스토리를 담는 그릇 역할을 하며, 향후 모든 마케팅 커뮤니케이션의 출발점이자 중심축이 됩니다. 네이밍 작업은 기업이나 제품의 정체성을 언어로 구현하는 창조적 활동입니다. 브랜드의 철학과 비전을 단어와 문장에 압축해 소비자와의 첫 번째 접점을 만드는 전략적 행위이기도 합니다. 또한 기업의 언어적 이미지를 구축하는 행위로, 소비자의 기억에 각인될 고유한 코드를 만드는 작업입니다. 요컨대 브랜드 네임은 '우리는 누구인가?'라는 질문에 대한 가장 간결하면서도 강력한 답변입니다.

저는 노스텔지어 한옥 호텔의 브랜드 에센스에 상응하는 캐치프에이즈를 3C(Curated, Conscious, Crafted)로 정립했습니다. '노스텔지어는 공간 하나하나에 저마다의 의미와 이야기를 담은 호스피탈리티 공간으로, 전통과 현대가 조화를 이룬 한옥에서 일상의 번잡함을 벗어나 진정한 휴식을 취할 수 있습니다(Curated). 북촌의 진보적 전통과 창조적 에너지를 계승하며, 역사적 유산을 현대적 관점으로 재해석해 전통과 혁신이 조화롭게 어우러진 공간에서 차별화된 경험을 제공합니다(Conscius). 숙박 공간을 넘어 한국의 문화적 유전자를 보다 다양하고 현실감 있게 제공하기 위해 한국의 아티스트와 문화 전문가와 협업하여 한국 미학의 깊이감과 섬세함을 선보입니다(Crafted).' 이렇게 캐치프레이즈를 정립하니 브랜드 확장이 수월하게 진행됐습니다.

노스텔지어를 만들 때부터 '브랜드 유니버스'라는 큰 그림을 그리며 열 채 이상의 한옥이 하나의 세계관으로 수렴되는 모습을 상상했습니다. 한국의 전통문화에 목마른 해외 고객을 주요 타깃으로 설정하는 것도 시대 흐름에 부합하는 자연스러운 선택이었습니다. 목표가 명확해지니 실천 방안이 따라왔습니다. 어떤 시설이 필요한지, 어떤 전문 인력을 갖춰야 하는지, 어떤 서비스 콘텐츠를 개발해야 하는지가 하나씩 구체화되었습니다. 차근차근 한 단계씩 전진하며 체계를 만든 덕분에 팬데믹이라는 끈질긴 악재에도 브랜드를 안정적으로 확장할 수 있었습니다.

0 2

지관(止觀)
진짜를 발견하는 열쇠

止觀. 글자를 하나씩 풀어 보면 止는 '멈추다', 觀은 '보다'라는 뜻을 가진 한자입니다. '멈춰 서서 보다'라는 의미로, 마음을 고요히 하고 진리의 실상을 관찰하는 불교 수행법입니다. 止는 정신을 집중하여 마음을 고요하게 하는 수행을 말하며, 觀은 있는 그대로의 진리인 실상을 관찰하는 것을 뜻합니다. 저는 브랜딩컴에서 브랜딩 개발을 하며 이 단어를 알게 됐습니다. SK디스커버리 지주회사 명칭을 만들 당시 최창원 부회장과 대화를 나눴는데, 그분이 중시하는 사상이 '지관'이었습니다. 지금도 판교 SK가스 본사 1층 입구 벽면에 지관이라는 단어가 새겨져 있습니다.

요즘처럼 바쁜 세상에서 지관은 매우 절실한 행동 강령인 것 같습니다. 쏟아지는 메시지와 정보, 과도한 업무량에 치여 살다 보면 정작 중요한 것을 놓치기 쉽습니다. 빠르게 달리는 자동차 안에서 창밖 풍경이 흐릿하게 보이는 것처럼, 너무 바쁘게 움직이면 진짜 봐야 할 것들이 제대로 보이지 않습니다.

가끔은 의도적으로 멈춰야 합니다. 스마트폰을 내려놓고, 회의실을 벗어나 일상의 고민이 스미지 않은 장소에서 지금 내가 해결해야 할 문제가 무엇인지 천천히 생각해 보는 시간이 필요합니다. 직업인으로 브랜딩을 하면서 지관의 중요성을 절감했습니다. 브랜딩 프로젝트를 수행할 때 수용의 태도는 중요하지만 클라이언트의 요청을 곧이곧대로 받아들이는 것은 위험합니다. 그들이 말하는 A와 진짜 원하는 A는 대부분 다르기 때문입니다. 클라이언트가 급하게 결과물을 요구할 때, 경쟁사들이 촉각을 다투어 시장에 들어올 때, 지금처럼 시장과 시대가 빠르게 변화할 때일수록 더욱 그렇습니다. 그럴 때일수록 멈춰 서서 '진짜 중요한 게 뭐지?'라고 물어야 합니다.

저는 지관을 '넓게 보기, 높게 보기, 깊게 보기'라는 세 개의 사고의 축을 통해 실행합니다. 3차원 공간에서 X축, Y축, Z축이 만나 입체적 구조를 만들어 내듯, 세 관점이 결합할 때 유의미한 인사이트가 추출됩니다. 넓게 보기가 맥락을 제공하고, 높게 보기가 관점을 정립하며, 깊게 보기가 본질을 발견합니다.

넓게 보기는 생각의 수평적 확장입니다. 좌우로, 앞뒤로 시야를 넓혀 전체적 맥락을 파악하는 것이지요. 한 그루의 나무만 보는 것이 아니라 숲 전체를, 나아가 그 숲이 속한 생태계 전체를 보는 관점입니다. 넓게 보기는 확장이 핵심입니다. 시간적으로는 과거와 미래를 아우르고, 공간적으로는 경쟁사와 관련 산업 전체를 포괄합니다. 하나의 브랜드를 포착할 때도 그 브랜드가 속한 카테고리와 소비자의 라이프스타일 경향을 함께 봅니다. 넓게 보기는 정보와 데이터의 영역입니다. 시장 조사, 경쟁사 분석, 소비자 트렌드, 업계 동향 등 객관적이고 정량적인 정보를 수집하고 분석합니다.

높게 보기는 현장의 디테일에 매몰되지 않고 전략적으로 가장 높은 곳에서 판단하는 것입니다. 전략적 고도에서 판단한다는 것은 당장의 급한 일에 휘둘리지 않는다는 뜻이기도 합니다. 여행지에서 길을 잃었을 때를 생각해 보세요. 골목을 헤매며 주변만 보고 있으면 방향을 찾기 어렵지만, 마천루 최상층에 올라가면 전체 지형이 한눈에 들어오고 목적지의 경로가 명확해집니다. 높게 보기에서 중요한 것은 메타 인지적 접근입니다. 노벨 경제학상을 받은 행동경제학자 대니얼 카너먼의 유명한 책 제목처럼 '생각에 관한 생각'을 하는 것입니다. 브랜딩 프로젝트를 할 때 '이 브랜드를 어떻게 포지셔닝할까?'라고 생각하는 것이 1차 사고라면, '지금 내가 이 브랜드를 바라보는 관점이 적절한가? 다른 관점에서도 봐야 하는 건 아닐까?'라고 질문하는 것이 메타 인지입니다. 거인의 어깨에 올라타는 것, 즉 업계 거물의 관점에서 숙고하는 것도 높게 보기의 좋은 방법입니다.

넓게 보기와 높게 보기가 사고의 영역이라면, 깊게 보기는 사유의 영역으로 사안의 본질을 탐구하는 것입니다. 깊게 보기는 침잠이 핵심입니다. 외부 자극을 차단하고 내면에 집중하는 것이죠. 시끄러운 정보들을 잠시 접어 두고, 조용한 곳에서 핵심을 응시합니다. 보이는 것 너머에 숨어 있는 진짜 의미를 찾아가며 조금 겸연쩍을 수도 있는 존재론적 질문을 던집니다. '왜? 무엇을 위해? 어떤 의미인가?' 이 과정을 통해 문제의 본질, 의미, 가치를 헤아립니다. 현상 너머의 실체를 파악하려고 노력하다 보면, 감성과 직관을 활용해 남이 생각하지 못한 새로운 관점을 찾고, 기존 틀에서 벗어날 수 있습니다.

노스텔지어는 '깊게, 넓게, 높게 보기'라는 세 가지 입체적 관점을 결합해 만든 브랜드입니다. 북촌 한옥마을은 안동 하회마을과는 다른 상업적 성격을 가지고 있습니다. 과거에는 거주 지역이었지만 현재는 주거, 관광, 상업 용도가 복합적으로 섞인 지역으로 변화했습니다. 이러한 변화는 시대적 경향성에 가까운 불가피한 현실이기에, 젠트리피케이션이나 오버투어리즘의 부작용을 막기 위해서는 체계적인 기획이 반드시 뒷받침되어야 한다고 판단했습니다.

이런 맥락에서 한옥을 주거 공간이 아닌 상업적, 문화적 공간으로 이해하는 새로운 접근이 필요했습니다. 전통 건축물을 보존하면서도 현대적 기능을 부여해 문화 공간으로 활용하는 것이 한옥의 가치를 높이는 방법이라고 결론지었습니다. 또한 코로나 19 시기에 대부분의 호텔이 비대면 서비스를 상용화했지만, 한옥 호텔은 대면 서비스가 핵심 가치라고 판단했습니다. 이를 위해 웰컴 센터와 같은 별도의 고객 체크인·체크아웃 공간을 마련해 기계가 아닌 숙련된 호스트가 제공하는 호스피탈리티 체계를 구축했습니다.

한옥 스테이라는 대중적인 숙박 시설은 존재했지만, 외국인 VIP가 머물 고급 시설은 희소해 한옥 호텔의 필요성이 대두되었습니다. 단지 잠을 자는 공간이 아니라 한국 문화를 깊이 체험하고 경험할 수 있는 플랫폼의 역할이 요구되었습니다. 이러한 맥락에서 한옥을 전통 건축 자산으로만 바라보지 않고, 한국 문화를 체험할 수 있는 살아 있는 문화 플랫폼으로 접근했습니다. 과거와 현재가 자연스럽게 어우러지면서 방문객에게 진정한 한국적 경험을 제공하는 공간이 노스텔지어였습니다.

잠시 과거로 돌아가 2010년경 프리미엄 친환경 닭고기 브랜드를 개발한 이야기를 해 보겠습니다(의뢰 업체는 하림이었습니다). 당시는 무항생제가 핵심 키워드인 시대였고, 피상적으로 접근한다면 무항생제를 강조해 '순수 닭고기', '안전 닭고기' 같은 기능적인 물성 중심의 네이밍이 예상되는 상황이었죠. 뻔한 예상을 뒤엎고자 지관 사고 체계를 가동했습니다. '클라이언트가 진짜 원하는 것은 무엇인가?' 숙고해 보니 무항생제는 수단이지 목적이 아니었습니다. 그들이 어필하고자 하는 것은 '친환경적으로 키워진 닭고기'였고, 친환경의 본질은 자연으로의 회귀였습니다. 그렇게 탄생한 것이 하림의 무항생제 닭고기 브랜드 '자연실록'입니다. '자연의 기록, 자연이 만든 이야기'라는 의미의 네임은 당시 경쟁사와는 다른 관점의 결과물이었습니다. 농협의 닭고기 브랜드 '순진무구'가 항생제 없는 기능적인 장점만을 내세운 것과는 다른 접근 방식이었지요. 브랜드 컬러도 닭고기 업계 최초로 녹색을 메인 컬러로 사용했습니다. 브랜딩 결과는 성공적이었습니다. 자연실록은 출시한 해 300억 원 매출을 달성하며 프리미엄 닭고기 시장을 선도했고, 현재까지도 해당 브랜드 네임을 사용하고 있습니다.

의뢰받은 모든 브랜딩 프로젝트가 시장에서 성공하는 것은 아닙니다. 실패한 프로젝트에는 한 가지 공통점이 있는데, 사안의 본질을 놓쳤다는 점입니다. 저는 성공의 이유보다 실패의 이유를 진심으로 찾습니다. 무엇이 잘못되었는지, 어디서부터 엇나갔는지 뼈아프게 돌아보며 얻는 깨달음은 백 번의 성공보다 값집니다. 특히 브랜딩처럼 정답이 없는 영역에서는 더욱 그렇습니다. 실패를 통해서만 배울 수 있는 것들이 있습니다. 시장의 진짜 목소리, 소비자의 솔직한 반응, 무엇보다 내가 가진 생각의 한계를 실패를 통해 깨닫게 됩니다.

자랑은 아니지만 저는 뼈아픈 실패담이 꽤 많은 편입니다. 그중 알칼리성 소주 브랜드 개발 프로젝트가 떠오르는데요. 클라이언트가 알칼리성 물 사용으로 목 넘김이 좋고 순하다는 제품의 장점을 강조하니, 곧이곧대로 '알칼리'라는 키워드에 매몰되었습니다. 그래서 '알짜소주', '아름소주' 같은 알칼리를 연상시키는 단어들로 네임을 만들었지요. 제가 고안한 네임은 당연하게도 채택되지 않았습니다. 클라이언트의 숨은 의중을 파악하지 못했고, 알칼리성 소주가 시장에서 갖는 진짜 의미를 이해하지 못했으며, 소비자에게 전달되어야 하는 진짜 가치를 놓친 결과였습니다. 최종적으로 클라이언트가 선택한 브랜드 네임은 알칼리성 물을 이용해 처음부터 마지막까지 목 넘김이 부드럽다는 것을 표현한, 여러분이 잘 아시는 '처음처럼'입니다.

03

원천(源泉)

금광보다는 금맥을 차지하라

우물은 한정된 자원입니다. 아무리 깊고 큰 우물이라도 계속 물을 퍼내면 언젠가는 바닥이 드러납니다. 반면 샘에서는 지하수가 계속 솟아납니다. 써도 써도 새로운 자원이 나옵니다.

예를 들어, 반도체는 전형적인 샘물의 특성을 보이는데요. 반도체는 모든 전자기기에 필수적인 부품으로 지속적인 수요가 발생합니다. 기술이 계속 진화하면서 새로운 용도가 창출되고, IoT, AI, 자율주행 등 새로운 시장이 끊임없이 확장되며 국가 경쟁력의 핵심 동력이 되었습니다. 스마트폰 역시 샘물의 성격을 지닌다고 볼 수 있습니다. 시간이 지나고 기술이 발전하면서 사양과 디자인은 변화하지만, 일상에 스며들며 그 영향력은 확대되고 있습니다. 반면 널리 쓰이다 사라진 'MP3플레이어'나 '삐삐'는 우물에 해당합니다. 기술 발전과 함께 제품의 역할이 끝난 것이지요. 한때 폭발적인 인기를 끈 히트 아이템이었지만, 우물 형태의 시장은 오래 지속되지 못하고 고갈됩니다.

우리는 전지전능한 존재가 아닙니다. 누구도 미래를 완벽하게 예측해 상황을 판단할 수 없습니다. 다만 사업을 시작하기에 앞서 브랜딩 사고 체계를 이해하고 활용한다면, 지속해서 가치를 만들어 낼 영역을 찾을 수 있습니다.

저는 영속하는 비즈니스 가치를 만드는, 즉 샘물을 찾는 기준이 있습니다. 먼저 성장 가능성을 평가하는 것입니다. 현재 시장 규모와 미래 성장 가능성을 분석하고, 그것이 일시적 유행인지 장기적 트렌드인지 판단합니다. 후발주자의 진입이 어려운 구조적 특성이 있는지 살펴보고, 기존 사업에서 파생될 새로운 영역이 있는지도 확인합니다. 경쟁 환경 분석도 중요합니다. 소수가 독점하는 구조인지 경쟁이 치열한 구조인지 파악하고, 경쟁 업체와 구별되는 차별화 요소를 확인합니다. 소비자가 기존에 선호하던 브랜드에서 다른 브랜드로 옮겨 가는 브랜드 스위칭Brand Switching 비용과 고객 유지 가능성, 지속 가능한 기술적 경쟁 우위를 보유하고 있는지도 판단합니다.

우물을 피하는 기준도 있습니다. 성장할 여지가 제한된 과열된 시장이나 혁신이 어렵고 가격 경쟁만 남은 기술 정체 영역은 주의합니다. 새로운 기술이나 서비스로 대체될 가능성이 큰 분야나 대기업만이 생존할 수 있는 규모의 경제 구조도 피합니다.

우물과 샘물의 특징은 브랜딩 사고 시스템에도 적용할 수 있습니다. 우물형 사고로 접근하는 브랜딩은 정해진 양의 가치를 소비하는 관점에서 시작합니다. 이내 고갈될 유한한 자원으로 브랜드를 전제하는 거지요. 또한 브랜드 가치가 고정되어 있고, 사용량을 계산해 고갈 시점을 예측할 수 있다고 여깁니다. 그 때문에 투자 대비 지속성에 한계가 있는 리스크를 안고 있습니다. 시대 변화에 적응하지 못하고 사라진 브랜드들은 기존의 브랜드 자산에 의존하면서 새로운 가치를 창출하는 시스템을 구축하지 못했습니다. 브랜드를 소비하는 자원으로만 인식한 결과입니다.

샘물형 사고에 기반을 둔 브랜딩은 끊임없이 새로운 가치를 창출하는 구조를 만듭니다. 가치의 원천을 발견하는 것이지요. 원천이 분명하면 가치를 무한히 만들 수 있습니다. 확장성 측면에서는 시간이 지날수록 더 빛을 발할 수 있고, 장기 투자에 적합한 안정성을 갖습니다.

저는 북촌이 한옥 호텔을 시작하기에 맞춤한 샘물 같은 곳이라는 확신이 들었습니다. 북촌은 서울시가 역점을 두고 추진 중인 문화 관광 벨트의 중심지입니다. 경복궁과 창덕궁이라는 두 개의 웅장한 궁궐이 지근거리에 있고, 국립현대미술관과 국립민속박물관을 비롯해 수많은 아트 갤러리와 공방이 모여 있습니다. 서울에서 한옥을 만날 수 있는 곳은 북촌 외에도 서촌, 은평 한옥마을, 혜화동이 있습니다. 하지만 규모가 있으면서도 긴 시간의 무게를 비교적 고스란히 간직한 한옥이 대규모로 밀집된 지역은 북촌 한옥마을이 유일합니다. 절대적인 희소성을 바탕으로, 주변의 문화 예술 자산을 콘텐츠로 활용할 수 있는 북촌이야말로 K문화의 중심에서 브랜드 스토리를 만드는 샘물 같은 곳이라고 생각했습니다.

한옥 호텔에 어울리는 규모는 40, 50평 이상의 중대형이어야 한다고 생각했습니다. 대형 한옥이 다수 보존된 가회동에 주목했고, 특히 31번지에 집중해 한옥을 찾았습니다. 가회동 31번지에 남은 한옥은 100여 채에 불과해서 호텔로 쓰일 한옥을 매입하기란 쉬운 일이 아니었습니다. 가회동 일대의 모든 부동산을 매일 출근하듯 다니며 눈도장을 찍었습니다.

2021년만 해도 한옥은 매력적인 부동산이 아니었습니다. 주변 아파트 가격 상승률에 비하면 거의 10여 년 동안 가격이 제자리걸음이었습니다. 팔려는 사람만 있지 사려는 사람은 거의 없었습니다. 중개를 마치고 수수료를 받으면 그만인 공인중개소 소장님조차 한옥 호텔을 하려고 한옥을 매입하는 저를 안타까워했습니다. "돈이 되면 왜 이렇게 오랫동안 한옥을 사려는 사람이 없었을까요? 한번 생각해 보세요"라고 자기 일처럼 걱정하시던 말씀이 지금도 생생합니다.

04

감수(甘受)

장사할 것인가, 투자할 것인가

성공하는 비즈니스의 동력은 의외로 단순합니다. 아이디어가 떠오르면 일단 실행하고, 시장 반응을 보면서 수정하고 보완하는 것입니다. 목적 없이 부산을 떨라는 게 아니고요, 보잘것없어 보일지라도 원하는 게 있으면 저지르는 게 낫다는 말입니다. '실패하면 어떻게 하지? 10년 후에는 어떻게 될까? 일어날 수 있는 변수를 다 고려했을까?' 꼬리에 꼬리를 무는 생각 속에서 결정을 미루면 되는 일이 없습니다. 불확실성을 완벽히 통제하는 것은 애초에 가능한 일이 아닙니다.

일터에서 의사결정이 쉽게 내려지지 않을 때면, 지금 내가 장사하려고 하는 건지 투자하려고 하는 건지를 생각합니다. 그러면 대개 결론이 지어집니다. 장사 마인드는 투입한 비용을 즉시

회수하려는 욕구, 당장의 손익에 집중하는 근시안적 접근, 손해를 보는 것을 극도로 꺼리는 심리, 빠른 회전과 즉각적 현금 흐름 선호로 특징지어집니다. 투자 마인드의 특징은 당장의 손실을 미래의 더 큰 이익을 위한 투자로 인식하고, 장기적 자산 가치 창출에 집중하며, 초기 비용이 발생한다는 것을 당연하게 받아들입니다. 시간이 지날수록 귀해지는 가치를 추구하며, 결과가 나타날 때까지 인내한다는 것입니다. 브랜딩 사고 시스템은 투자 마인드가 필요한 영역입니다. 부동산을 자산으로 만들 때 취득세와 등록세를 내며, 주식을 매수할 때 증권 거래 수수료가 발생하듯이 모든 투자에는 처음에 손해가 확정됩니다. 따라서 브랜딩 과정의 초기에는 반드시 손해 보고 진행한다는 마음이 있어야만 합니다.

    갓난아이를 키우면서 아이를 통해 돈을 벌려고 하는 부모는 없습니다. 개별 브랜드를 키울 때도 지출은 기본값입니다. 개별 브랜드는 기업이 제품이나 서비스에 독립적인 브랜드명을 붙여 별개로 운영하는 브랜드를 의미합니다. 모기업의 이름을 전면에 내세우지 않아 개별 제품이 고유한 브랜드 정체성을 갖습니다. 제품의 특성, 가치, 차별화 요소를 브랜드에 반영할 수 있어 타깃 고객층을 대상으로 맞춤형 커뮤니케이션 포지셔닝을 구축할 수 있습니다.

    시간을 2000년대 초로 되돌려 보겠습니다. 한 기업에서 새로운 에어컨 브랜드 컨설팅을 의뢰했습니다. 당시 가전 매장에 가면 에어컨 코너는 참 단조로웠습니다. '삼성 에어컨, 대우 에어컨' 식으로 대부분 '회사명 + 에어컨'이라는 공식을 따랐습니다. 가끔 다른 이름을 가진 제품도 있었지만 그마저 뜻이 너무 명확해 상상력이 작동할 여지가 없었습니다. 이를테면 '블루윈드Blue Wind'는 파란색blue과 바람wind을 의미했습니다. '수피아SUPIA(숲+Utopia)'라는 브랜드도 있었는데, 말 그대로 숲속의 맑은 공기를 연상시키려는 의도의 이름이었습니다. 모든 브랜드가 시원함, 깨끗함, 강력함 같은 에어컨의 기능을 직접적으로 표현했습니다. 물론 이런 방식에는 소비자가 브랜드명만 들어도 에어컨이라는 것을 바로 알 수 있는 장점이 있습니다. 그러나 경쟁사들이 쉽게 비슷한 이름을 만들 수 있고, 무엇보다 제품을 해외로 수출할 때 한국어 기반의 이름은 현지에서 받아들이기 어렵다는 치명적인 단점이 있습니다.

저는 클라이언트에게 '휘센Whisen'이라는 생소하고 어색한 이름을 제안했습니다. 'whirl(소용돌이)'와 'send(보내다)'의 합성어로 '소용돌이치는 바람을 보내다'라는 의미였습니다. 휘센이라는 이름을 들었을 때 사람들의 반응은 비슷했습니다. "휘센? 무슨 뜻이야?" 회사 내부에서도 마찬가지였습니다. "소비자들이 이해하지 못할 텐데요. 의미를 설명하는 데만 얼마나 많은 광고비가 들어갈까요?" 브랜드를 만드는 데 유무형의 투자는 기본값입니다. 클라이언트는 단발성의 에어컨 브랜드가 아니라 회사 이름과 독립적으로 존재할 수 있는 개별 브랜드를 만들고자 했습니다. 마치 도요타에서 만들지만 렉서스라고 불리는, 현대에서 만들지만 제네시스라 불리는 자동차처럼요. 결과적으로 휘센은 LG를 대표하는 에어컨 브랜드가 됐습니다.

제가 추구하는 브랜드 마케팅의 핵심은 '애탐愛探'으로 압축할 수 있습니다. 고객이 갈망하게 만드는 것, 그들이 애타게 찾고 싶어 하는 존재로 브랜드를 포지셔닝하는 것입니다. 이를 달성하기 위해서는 공격적인 접근보다는 절제된 거리두기가 필요합니다. 인간관계를 생각해 보면, 직설적으로 감정을 드러내며 다가오는 사람보다는 어딘가 신비로운 매력을 간직한 사람에게 더 끌리지 않나요? 과도한 자기 어필이나 허세 섞인 과시로는 사람의 마음을 사로잡기 어렵습니다. 프리미엄 브랜드 영역에서는 더욱 그렇습니다.

노스텔지어의 브랜딩은 절제된 태도에서 시작됩니다. 서두르지 않고 자연스럽게, 은근하면서도 당당하게 고객에게 다가갑니다. "네가 물이 되면 반드시 목마른 사람이 너를 찾아온다." 가수 박진영의 명언처럼 압도적인 매력과 희소가치를 지닌 브랜드를 구축하고, 지속적으로 발전시키다 보면 본격적인 브랜드 마케팅을 펼칠 최적의 시점이 찾아온다고 확신합니다. 이것은 초기부터 막대한 자본을 투입해 인지도를 높이고 나중에 수익 구조를 만드는 방식과는 근본이 다릅니다. 처음부터 양적 성장에 집중하기보다는 브랜드만의 고유 영역을 견고하게 다지는 것이 우선입니다. 브랜드의 내적 완성도를 높이는 단계는 생략할 수 없는 필수 과정이며, 이를 바탕으로 외적 성장이 따라와야 유일무이한 브랜드가 될 수 있습니다.

브랜딩의 목적은 장기적 안목으로 브랜드를 대체 불가능한 영역에 오르게 하는 것입니다. 브랜딩 사고 시스템의 궁극적 목표도 이와 같습니다. 그러니까 희소성을 갖게 하는 것이죠. 희소성은 상대적인 것과 절대적인 것으로 나눌 수 있습니다. 상대적 희소성은 비교를 통해 결정됩니다. 50대의 복근이 좋은 예입니다. 50대 복근은 시간 관리의 달인이자 경제적 여유의 상징이며, 절제력과 완성된 라이프스타일의 증거입니다. 나이 들수록 복근을 만들기 어려워서 50대의 복근은 상대적 희소성의 20, 30대 복근에 비해 절대적 희소성을 갖게 됩니다. 브랜딩 사고 시스템의 최종 목적은 '상대적 희소성을 절대적 희소성으로 만드는 것'입니다.

장기적인 안목으로 브랜딩을 하거나 투자를 진행하기 위해서는 시간을 견딜 힘이 필요합니다. 저는 두 가지 힘을 북촌 한옥에서 찾았습니다. 북촌 한옥은 절대적으로 희소한 자원입니다. 절대적인 희소성을 가진 자산은 공급이 없거나 공급이 제한되는 동시에 수요가 지속적으로 창출되는 자산을 말합니다. 다른 말로 독점적 재화라고 볼 수 있죠. 공급과 수요가 만나는 지점에서 가격이 결정되는 것이 아니라 수요가 가격을 결정합니다.

저는 한옥의 미래를 긍정합니다. 한류가 한때의 유행에 그치지 않고 다양성을 기반으로 세분화되고 전문화되면서 큰 흐름을 이어 갈 것이라고 믿고 있습니다. 그런 면에서 한옥의 수요는 과거보다 현재에, 지금보다 미래에 더욱 많아질 것이라고 생각합니다. 특히 절대적 희소성을 가진 북촌 한옥을 찾는 사람이 많아지면, 목표하는 브랜딩에 소요되는 시간을 견딜 힘을 갖게 됩니다.

컨설팅을 하다 보면 저마다 비즈니스 관점이 얼마나 다른지를 알게 됩니다. 어떤 사람은 제품과 서비스에 집중하고, 또 어떤 사람은 시장과 고객에게 열중합니다. 나아가 시대를 이야기하는 사람도 있습니다. 제품과 서비스를 보는 사람은 제품과 서비스의 가격과 기능에 초점을 맞춥니다. 시장을 보는 사람은 사업을 시작할 때, 확장할 때, 엑시트^{Exit}할 때의 타이밍에 집중합니다. 고객을 보는 사람들은 고객의 니즈와 원츠^{wants}, 그리고 숨겨진 욕망^{desire}을 읽습니다. 시대를 보는 사람은 사업이 가진 시대적 가치와 의미에 집중합니다.

05

역전(逆轉)
아직 아무도 보지 못한 것을 보려 한다면

　　　　　　복잡한 상황을 역설적으로 단순하게 뒤틀어 버리는 관점의 전환, 그것은 브랜딩의 강력한 무기입니다. 역사를 돌아보면 인류의 진보는 관점의 전환에서 시작되었습니다. 천동설을 버리고 지동설을 입증한 코페르니쿠스나 절대적 시공간 개념을 상대성으로 바꾼 아인슈타인, 블루오션 전략을 창안한 김위찬과 러네이 모본의 공통점은 모두가 당연하다고 여기던 전제를 뒤집었다는 것입니다. 대중의 마음속에 각인된 브랜드는 흔히 단점이라고 여기던 것을 장점으로, 약점을 강점으로 전환했습니다. 그들은 통념이라는 갑옷을 벗어 던지고, 문제를 다른 각도에서 바라봤습니다. 그 결과 차별화된, 대체할 수 없는 독점적 가치가 탄생했습니다.

현대중공업지주가 브랜딩컴에 사명 변경을 의뢰했습니다. 저는 고심 끝에 'HD현대'라는 새로운 사명을 제안했습니다. 회사 내부에서도 클라이언트 측에서도 낯선 반응은 있었습니다. "HD는 예전에 현대자동차 엠블럼으로 사용하던 것 아니야?" "두 개의 HD가 있으면 혼란만 가중될 텐데." "80년 역사의 브랜드 자산을 버린다고?" 상식적으로 일리 있는 반대 논리였습니다.

상식에 매몰되어 있으면 혁신에 도달할 수 없습니다. 저는 사명 변경 이슈를 기업의 헤리티지 관점에서 접근했습니다. 창업자인 정주영 회장이 가장 애착을 가진 사업 영역을 분석하니 1순위는 자동차, 2순위는 조선이었습니다. 두 영역 모두 창업자의 핵심 비전에서 출발한 형제 회사고 HD 사용에 동등한 권리가 있다는 논리가 성립했습니다. 이 논리에 기초해 HD에 새로운 의미를 부여했습니다. HD를 현대Hyundai의 줄임말이 아니라 'Human&Desire', 'Hope&Dream', 'Hieght&Detail'로 미래지향적 의미를 새롭게 부여했습니다. 과거의 현대가 아닌 미래의 비전을 담은 브랜드로 리포지셔닝한 거지요. 현대자동차가 현재 사용하지 않는 'HD' 브랜드를 현대중공업지주가 새롭게 되살려 낸 셈입니다. 회사명의 영문 약자로만 평면적으로 해석하는 차원을 넘어 미래지향적이고 인간 중심적인 브랜드 내러티브와 철학을 담아 재탄생시킨 것이지요.

강원랜드의 스키 전용 리조트 브랜딩 프로젝트도 관점을 바꿔 약점을 강점으로 전환한 사례입니다. 강원랜드가 브랜딩을 의뢰했을 당시, 수도권에서 거주하는 사람들이 가장 많이 찾는 서울 근교의 리조트는 접근성이 뛰어난 모나 용평(구 용평리조트)이었습니다. 그에 비해 강원랜드는 모나 용평 대비 이동 시간이 두세 배 더 걸리고, 아마추어가 스키를 즐기기에는 난도가 높아 접근하기 어려운 험준한 지형을 가지고 있었습니다. 게다가 카지노라는 사행성 시설까지 있어 한국 정서상 진입의 허들이 높았습니다.

일반적인 브랜딩 에이전시라면 거리의 단점을 가격으로 보상하거나 시설 차별화로 승부하는 전략을 제안했을 겁니다. 저는 문제를 전복적인 시각으로 다시 접근했습니다. '서울에서 멀리 떨어진 강원도 정선에 있다는 것은 다이내믹한 자연을 보유한다는 것 아닌가? 접근이 어렵다는 건 아무나 갈 수 없는 특별한 곳이라는 거 아닌가? 높은 고도는 천혜의 광경을 가진 설원을 의미하는 거고.' 저는 약점을 장점으로 전환하는 발상의 전환에 승부수를 걸었습니다. 핵심 타깃을 재정의하는 과감한 결단을 내린 거죠. 일반 대중이나 가족 단위 방문객을 포기하고 스키 마니아, 전문가, 익스트림 스포츠 애호가에게 집중했습니다. '진짜 스키를 즐길 줄 아는 프로 스키어가 가는 곳'으로 과감하게 포지셔닝했습니다.

하이원(High+1)은 전략적 의도가 명확한 네이밍입니다. 'High'는 물리적 높이와 높은 품질이라는 이중 의미, '1'은 독보적 지위와 유일무이함을 담은 단어입니다. 두 단어가 합쳐지면서

'매우 높은 곳에 있는 하나뿐인 특별한 스키장'이라는 메시지가 자연스럽게 추출되어 '가장 높은 곳에서 가장 프로다운 스킬을 즐기는 전문가의 성지'라는 브랜드 스토리를 완성했습니다.

따지고 보면 한옥만큼 관점을 틀어 단점을 장점으로 승화시키는 과정이 필요한 공간도 드뭅니다. 한옥은 주거용으로 보면 단점투성이입니다. 주차 문제, 교육 시설 부족, 난방 효율성 문제, 방음 미흡, 현대 가전제품 설치의 제약, 지속적인 보수 필요, 높은 유지 비용… 상식적으로 생각하면 현대인이 살기엔 불편한 공간입니다. 그러나 불편함을 특별함으로 뒤집어 보면 같은 공간이 다르게 보입니다. 일상과 다른 특별한 경험을 할 수 있는 상업 공간, 한국의 전통문화를 체험할 수 있는 문화 공간, 어렵게 관리하는 만큼 진정성 있는 열린 공간, 제약이 있어서 오히려 기억에 남는 복합 공간으로 말입니다.

팬데믹은 상업용 부동산 시장에 전례 없는 충격을 가져왔습니다. 정부의 집합 금지 조치, 재택근무 확산, 매장 영업시간 제한 등으로 임차인과 건물주 모두 막대한 재정적 손실을 감수해야 했습니다. 모든 이에게 고통스러운 시간이었지만, 돌이켜 보면 투자자에게는 특별한 기회의 창이 열린 시기이기도 했습니다.

평소라면 매물로 나오기 어려운 좋은 입지의 건물이 공실과 임대료 연체 부담을 견디지 못해 매매 시장에 등장했습니다. 코로나의 종식 시점을 누구도 예측할 수 없었기에 상업용 부동산 투자는 상당한 모험으로 여겨졌습니다. 저는 이런 시기야말로 주요 상권 내 대체할 수 없는 좋은 위치의 근린 생활 시설을 좋은 가격에 매입할 수 있는 보기 드문 기회라고 생각했습니다. 일상 회복 후에도 상가나 오피스 수요가 과거와 똑같지 않을 것이라는 가능성은 인정했습니다. 다만 이런 리스크는 입지가 상대적으로 좋지 않은 부동산에 국한될 것이고, 상권 중심부의 수요는 여전히 매력적일 거라 예상했습니다. 저는 좋은 입지에 있으면서도 준공 후 한 번도 수리하지 않아 낡은 근린 생활 시설을 매입 대상으로 정했습니다. 당시 경제 위기로 금리가 매우 낮은 점도 매입에 유리한 조건이었습니다. 코로나로 공실 기간이 2~3년 지속되어도 운영비와 대출 이자를 감당할 수 있는지 면밀히 검토한 후 투자를 실행했습니다.

다행히 비관적인 제 예상보다는 일찍 엔데믹이 찾아왔고, 이전과 같은 일상이 회복되면서 도심 오피스 단지와 상업 시설로 사람들이 다시 모였습니다. 저는 모든 이들이 상업용 부동산을 비관적으로 전망할 때 과감하게 매수했고, 임차인이 원하는 스타일로 대수선을 감행했습니다. 결과적으로 밸류애드한 건물을 만족스러운 조건에 매각할 수 있었고, 이때 얻은 이익이 노스텔지어를 시작하는 밑거름이 되었습니다. 가장 위험한 상황에 놓인 상업용 건물의 투자 관점을 바꿔 공격적으로 생각한 것이 새로운 사업의 출발점을 마련해 준 셈입니다.

0 6 전진(前進)

'팔다'가 '팔리다'가 되는 마법

노스텔지어라는 브랜드를 키워 나가며 늘 일반적으로 알려진 마케팅적 사고를 경계하고 있습니다. 매주 월요일 팀장급 전체 회의에서 지속적으로 점검하는 질문들이 있습니다. '이번 프로모션이 이전과 차별화되는 포인트는 무엇입니까? 고객들이 진심으로 반응할 내용인가요? 이런 아이디어가 지금까지 시도되지 않았던 이유는 뭐라고 생각하세요? 독특하고 인상적으로 발전시킬 여지는 없을까요? 나중에 아쉬워하지 않으려면 지금 단계에서 고려할 것들이 있을까요?'

진정한 브랜드 마케팅이란 비용을 투입해서 단기간에 브랜드 노출을 극대화하고, 소비자가 빈번하게 접촉할 수 있게 만드는 마력이 아니라고 생각합니다. 고객이 자발적으로 브랜드에 호기심을 갖고 지속적인 끌림을 느끼게 하는 힘, 바로 매력을 창조하는 작업입니다.

마케팅의 목적은 수익의 극대화입니다. 제품이나 서비스를 더 많이, 더 빨리 팔기 위한 모든 활동이 마케팅의 영역이며 가격 정책, 유통 전략, 프로모션 등이 모두 '팔기 위해' 존재합니다. 마케팅 투자는 비용의 성격을 갖습니다. 광고비를 쓰면 그만큼 매출이 올라야 하고, 프로모션에 든 비용은 즉시 회수되어야 하며, 투입금 대비 산출금이 명확하게 계산되어야 합니다. 브랜딩 투자는 장기적으로 자산을 형성하고, 가치를 구축하고 축적하는 특성이 있습니다. 새로운 브랜드를 알리는 데 드는 비용과 브랜드 아이덴티티를 구축하는 과정은 모두 미래 자산을 만드는 일입니다. 브랜딩의 목적은 고객의 마음속에 특정한 이미지와 감정을 심고, 당장 사지 않더라도 그 브랜드 하면 떠오르는 고유한 존재감을 만드는 일입니다.

마케팅 효과는 일시적입니다. 광고를 중단하면 매출도 줄어들고, 할인 이벤트가 끝나면 다시 예전의 매출 수준으로 돌아가 비용을 투입해야만 효과가 유지됩니다. 마케팅 성과는 정량적으로 측정하기 쉽습니다. 매출액, 전환율, 클릭 수, 문의 건수 등 숫자로 효과를 파악할 수 있으며, ROI 계산이 비교적 간단합니다. 브랜딩 효과는 누적적이고 지속적입니다. 한번 구축된 브랜드 이미지는 시간이 갈수록 강력해지고, 적극적으로 비용을 투입하지 않아도 축적된 브랜드 자산이 효력을 발휘합니다. 브랜딩 성과는 정성적 측면이 강합니다. 브랜드 인지도, 브랜드 호감도, 고객 충성도 등은 수치화하기 어렵고, 그 가치를 환산하기 쉽지 않습니다.

노스텔지어는 북촌 한옥마을이라는 특별한 지역적 맥락에서 출발했습니다. 600년 역사를 가진 이 동네에는 조선 시대부터 만들어진 한옥들이 골목길을 따라 자리하고 있습니다. 노스텔지어는 지역 특성을 있는 그대로 존중하며 비즈니스를 전개했습니다. 기존 리조트나 호텔처럼 하나의 건물이나 단지에 시설과 서비스를 집중하는 대신, 북촌 곳곳의 개별 한옥을 독채 호텔 시스템으로 연결하는 모델을 선택했습니다. 이런 형태로 비즈니스에서 성공한 프로토타이프를 찾기 어려웠지만, 바로 그 점이 노스텔지어의 차별화 포인트가 되었습니다.

창업 초기부터 호텔 운영에 필요한 모든 메인 업무와 보조 업무를 자체적으로 처리하는 시스템을 도입했습니다. 웰컴 센터 내 체크인, 체크아웃부터 러기지 배송, 개별 독채까지의 안내 가이드, 카페 조식 서비스와 딜리버리, 세탁물 처리와 클리닝 시스템, 한옥의 관리와 유지 보수까지 모든 업무를 정직원을 고용해 체계화했습니다. 창업 후 3년이 지난 지금은 약간의 융통성을 발휘해 세탁과 클리닝 일부는 외주 를 맡기고 있습니다. 직접 수행해서 얻는 효율성보다는 안정적이고 지속적인 품질 유지가 더 중요하다고 판단했기 때문입니다. 자체 개발한 노하우를 바탕으로 협력 파트너와 효율적으로 소통하며, 노스텔지어만의 협력 업체 가이드라인을 만들어 가고 있습니다.

쉽고 편한 길은 항상 우리를 유혹합니다. 호텔 업계 경력자를 영입해 일반적인 호텔 운영 시스템을 도입하고 싶은 유혹도 있었지만, 다른 업체의 경험과 노하우를 따라 하지 않았습니다. 저만의 브랜드 시스템을 만들어야 한다고 생각했기 때문입니다. 통상적인 호텔 운영 노하우를 도입하면 효율적인 운영 방식, 즉 '최소 투자로 최대 이익을 극대화하는 마케팅 시스템'을 얻을 수 있겠지만, 제 관심사는 최대 이익이 아니라 초격차를 만들 수 있는 브랜드 자산 구축이었습니다.

마케팅과 브랜딩의 차이는 '지금'과 '언젠가'의 차이입니다. 마케팅은 지금 당장 얻을 수 있는 가시적인 결과를 원하고, 브랜딩은 다가올 미래를 준비합니다. 마케팅은 오늘 배고픈 사람에게 빵을 파는 일이고, 브랜딩은 내일도 모레도 그 사람이 우리 빵집을 찾아오게 만드는 일입니다. 둘 다 중요하지만, 마케팅만으로는 미래를 대비할 수 없고 새로운 고객을 찾아야 하는 피로감에 시달리게 됩니다. 브랜딩 된 기업은 고객이 먼저 찾아옵니다. 느리지만 확실한 브랜딩의 힘을 신뢰할 때 기업의 지속가능성이 결정됩니다.

모두가 경제적 자유를 꿈꿉니다. 한창 일할 나이의 MZ세대가 경제적 자유에 더 목마른 것 같습니다. 그러나 경제적 자유를 선취하기 위해 투쟁하는 사람은 의외로 많지 않은 것 같습니다. 투쟁하는 사람에게는 기회가 찾아옵니다. 다만 기회는 급진적이고 파괴적이며 불편한 모습으로 찾아와 이게 기회인지, 위기인지 헷갈리게 합니다. "만석인 버스에서 앉을 수 있는 때는 딱 한 번뿐이다. 버스가 급정거할 때다." 어느 은둔형 거부의 명언이 기회의 상황을 잘 포착하고 있습니다. 남들이 모두 서 있을 때, 남들이 모두 두려워할 때, 남들이 모두 포기할 때가 풍요의 시대에 부를 선취할 수 있는 타이밍입니다. 기회를 잡으려면 준비되어 있어야 합니다. 그리고 남들이 하지 않는 일, 할 수 없는 일, 하기 싫어 하는 일을 기꺼이 감당할 용기가 있어야 합니다.

편리함이 신앙이 된 시대에 우물이 아닌 샘물은 모두가 기피하는 곳에 있습니다. 세상이 불가능하다고 생각하는 아이템은 손해 볼 위험이 적고, 사람들이 꺼리는 일은 가치를 만듭니다. 만들기 어렵다고 생각하는 순간, 진입 장벽도 저절로 만들어지니까요. 불가능한 일을 해내면 독점적인 사업이 됩니다.

어떤 분야든 효율성을 달성하려면 최소한의 경험이 축적되어야 합니다. 하나를 해 본 사람이 둘을 할 때 두 배의 시간이 걸리는 것이 아니라, 1.3배 또는 1.5배 정도 시간을 단축할 수 있습니다. 실패는 학습의 기회가 됩니다. 목적을 실현하는 실천적 행위가 잦아지면 일을 조망하는 시선도 넓어지고 비전도 커집니다. 긴 안목으로 바쁘게 움직이는 사람이 일을 쳐도 크게 칩니다.

BUILDING

01 **'주거'라는 일상성을 벗어난 한옥의 쓸모**

브랜딩은 '원형'을 찾아내는 일

　　　　　삶은 한 번뿐이라서 그 누구도 아닌 나 자신으로 사는 일이 중요합니다. 그런데 역설적이게도 우리는 삶의 주도권을 타인에게 맡기려 합니다. 다른 사람의 성공을 따라 하거나 남의 욕망대로 살아가는 것이 얼마나 공허한지 알면서도 말입니다. 저는 이따금 마주하고 싶지 않은 제 모습과 대면합니다. 삶의 중심축이 흔들릴 때, 혹은 타인의 화려한 성취를 기준 삼아 현실의 문제를 우회적으로 해결하려 할 때 그런 순간이 찾아옵니다. 그럴 때면 '현타' 같은 것이 옵니다. 죽비로 한 대를 얻어맞은 듯한 충격을 받고 나면, 밖으로 향해 있던 모든 감각이 내면으로 돌아옵니다. 자기 안으로 고요히 침잠하며 오늘이 생의 마지막 날이라면 어떤 결정을 내릴지 숙고합니다. 죽음과 마주할 때 오직 나만이 살아 낼 수 있는 인생이 제자리를 찾아오는 것을 느낍니다. 죽음을 직시하는 일은 삶을 각성하고 재정립하는 힘을 가지고 있습니다. 저는 이것을 죽음의 실존적 리셋 효과라 부릅니다.

실존적 자각, 즉 자기다움은 브랜딩에서도 매우 중요한 개념입니다. 적지 않은 사람들이 브랜딩을 '새로운 무언가를 만드는 일'로 생각하는데, 꼭 그렇지는 않습니다. 브랜딩은 전략적으로 나다움을 찾아내는 일입니다. 관건은 행위의 차이에 있습니다. '만든다'는 제작의 행위가 아니라 '찾아낸다'는 발굴의 행위가 중요합니다. DNA는 애초에 가지고 있는 것이지 만들 수 있는 것은 아니니까요. 본래 자신이 가진 것을 전략적으로 도출해 내는 과정, 즉 자기만의 '원형'을 발견하는 것이 누구도 흉내 낼 수 없는 브랜드의 시작입니다.

원형archetype이라 하면, 스위스의 정신분석학자 카를 융을 떠올리는 사람들이 많을 텐데요. 융은 이야기, 즉 신화의 구조를 분석하며 인간이 공유하는 집단 무의식의 세계를 탐구했습니다. 용감한 영웅이 시련을 헤치며 모험을 떠나는 이야기, 나이 지긋한 현자가 도움을 주어 위기를 모면하게 하는 이야기, 어머니가 자식을 지키는 이야기를 예로 들면서요. 이런 부류의 이야기는 시대와 문화를 초월해 우리에게 전해지는데, 융은 그 근본 원인을 우리가 공유하는 집단 무의식에서 찾습니다. 집단 무의식에는 인류가 수십만 년 동안 축적해 온 공통된 경험과 지혜 그리고 원형이 내재해 있는데, 그 원형과 공명하는 이야기는 시대와 문화를 초월해 전수됩니다. 원형은 단지 관념적인 개념이 아닙니다. 우리가 왜 특정한 브랜드에 끌리는지(원형적 영웅성), 왜 어떤 사람에게 즉시 호감을 느끼는지(원형적 매력), 왜 특정한 장소에서 묘한 친숙함을 느끼는지(원형적 공간) 등은 모두 원형의 작용으로 설명할 수 있습니다.

성공한 브랜드들은 인류의 집단 무의식에 잠든 원형을 깨웁니다. 나이키는 영웅 원형을 활용해 도전과 극복의 이미지를 심어 주고, 애플은 창조자 원형으로 혁신과 완벽성의 가치를 전달합니다. 코카콜라의 따뜻한 광고는 돌봄의 원형을, 할리데이비슨은 저항자 원형을 자극합니다. 소비자는 브랜드에 자신의 경험과 감정을 투영하며, 그 과정에서 깊은 유대감을 형성하고 정서적 교감을 나눕니다.

우리 안에는 보편적이면서도 근원적인 어떤 것이 숨어 있습니다. 브랜드도 그렇습니다. 브랜딩이란 숨겨진 본질을 발굴하는 일입니다. 무에서 유를 강제로 만드는 것이 아니라, 원래 지니고 있던 우수한 자질을 육성하는 작업입니다.

블루재는 노스텔지어 여섯 채 중 가장 먼저 문을 연 한옥이다. 북촌에서 가장 보존 상태가 좋았던 이 한옥에 운명처럼 끌렸고, 담벼락 위 푸른 기와와 한옥 곳곳에 걸린 청색 주련의 아름다움에 매혹되어 블루재라는 이름을 정했다.

익숙한 듯 낯선, 낯선 듯 익숙한
노스텔지어의 호스피탈리티

노스텔지어라는 브랜드의 일차적 정체성은 한옥 호텔입니다. 한국의 전통 가옥인 '한옥'과 '호텔'이 만나 한옥 호텔이라는 새로운 서비스 모델이 탄생한 것이지요. 노스텔지어를 시작할 때 사람들이 호텔에 왜 가는지, 지금 이 시대의 호텔에 어떤 기능과 의미가 있는지 고민했습니다. '어떤 호텔을 만들까?'에 대한 답보다 '호텔이라는 공간의 본질은 무엇일까?'에 대한 저만의 정의를 찾는 것이 중요했습니다.

"지불 능력이 있는 불특정 고객에게 영리를 목적으로 숙박, 식음료, 레저 및 부대시설을 갖추어 인적 서비스를 제공하는 기업." 호텔 관련 논문을 찾아 보니 주로 이렇게 호텔 개념을 정의하더라고요. 저는 '인적 서비스를 제공하는'이라는 대목에 관심이 갔습니다. 호텔은 사람을 위한 서비스 공간이라고, 그저 잠을 자는 공간이 아니라 사람이 제공하는 호스피탈리티에 최적화된 공간이라 생각했거든요.

호텔과 호스피탈리티는 라틴어 '*hospes*(호스페스)'라는 같은 어원적 뿌리를 가지고 있습니다. *hospes*는 손님guest과 주인host이라는 이중적 역할을 동시에 내포하는데, 이는 상호 의존과 배려를 바탕으로 한 사회적 유대 관계의 근본 원리를 보여 줍니다. 호스피탈리티는 낯선 이에게 거처, 음식, 안식을 베푸는 인류의 보편적 가치로, 고대 로마의 제도화된 손님맞이 문화(*hospitium*, 호스피티움)에서도 핵심적인 사회 윤리였습니다. 저는 호텔업이란 *hospes*의 정신을 이어받은 호스피탈리티 산업의 일부로, 낯선 곳을 찾은 사람들에게 집처럼 편안하고 따뜻한 공간을 만들어 주는 일이라고 정의했습니다.

편안하고 따뜻한 공간은 사람의 정감으로 시작되고 완성됩니다. 학교 잘 다녀오라는 부모님의 배웅, 일 마치고 돌아온 배우자에게 고생 많았다며 어깨를 토닥여 주는 마중, 귀가한 주인을 반기는 반려동물의 무조건적 환대로 철근 콘크리트로 만들어진 공간에 온기가 생깁니다. 노스텔지어를 시작할 무렵, 코로나19가 기승을 부려 각 산업에서 비대면 서비스가 일반화되었고, 일반 호텔도 대면 서비스를 대거 축소했습니다. 저는 정반대의 길을 선택했습니다. 오직 살아 있는 생명과의 만남을 통해 전달되고 완성되는 호스피탈리티의 힘을 믿었기 때문입니다. 노스텔지어의 웰컴 센터는 노스텔지어의 호스피탈리티 정신을 응축한 장소라 할 수 있는데, 직접 손님을 맞이하고 한옥과 체험 콘텐츠를 설명해 주는 서비스 공간입니다. 한국말을 잘하는 외국인 웰컴 마스터의 환대는 방문하는 모든 고객에게 유쾌한 놀라움을 주는 와우 포인트가 됩니다.

호텔은 주거 공간이 아닌 상업 공간이고, 숙박의 공간이자 서비스 공간입니다. 휴식을 주요 목적으로 하는 모텔이나 펜션과는 다른 차원의 공간입니다. 서비스는 고객의 기대와 요구를 충족시키기 위한 무형적 활동으로, 고객에게 유용함과 만족감을 전달하는 것을 목적으로 합니다. 요즘 고객들은 호피스탈리티 경험이 풍부하고 아주 세련된 취향을 가지고 있습니다. 서비스의 전개 과정을 예상하는 이들에게 예상 밖의 놀라움을 주어야 서비스 만족감을 줄 수 있습니다. 이런 고객들을 위해 고안된 노스텔지어의 호스피탈리티 코드는 다음의 '3U'로 정의할 수 있습니다.

Uncharted(한 번도 시도되지 않았던 것)

Unexpected(누구도 기대하지 않았던 것)

Unwilling(아무도 하려 하지 않는 것)

서울 한복판에서 100년 된 한옥을 호텔로 운영한다는 것은 생경한 일입니다. 현대적 편의 시설을 갖춘 문화유산 수준의 건축물에서 하룻밤을 머무는 체험은 흔히 접할 수 없는 일입니다. 우물 반자 천장 아래에서 잠을 자고, 청와대 기와를 만든 기와 장인이 손수 제작한 푸른 기와 위로 떨어지는 빗소리를 듣는 경험 말입니다. 또한 일반적인 대여 한복 대신 전통 한복 명인의 작품을 입는 것, 가야금 연주를 들으며 차를 마시는 것은 모두 일반적인 호텔에서 쉽게 하지 못하는 경험입니다.

솔직히 말씀드리면, 100년 된 한옥을 호텔로 만드는 것은 경제적으로 비효율적입니다. 보수 비용이 만만치 않고, 현대적 편의 시설 설치에도 한계가 있습니다. 그렇지만 남들이 어려워서,

블루재의 침실. 한국 극사실주의 화가 이정웅의 붓 그림을 걸고 마당이 한눈에 보이는 남쪽으로 개방형 욕실을 배치했다.

힘들어서, 불가능해서, 유무형의 자본이 많이 들어서 하지 못했던 일은 특별한 가치를 갖습니다. 일의 난도가 높은 덕분에 경쟁할 일이 별로 없고, 경쟁에 쏟을 에너지를 온전히 일에 쏟아 전에 없던 것을 만들 수 있기 때문입니다.

저는 노스텔지어를 한국을 대표하는 문화 관광 브랜드로 만들고자 하는 꿈이 있습니다. 한옥 호텔인 노스텔지어가 기존의 한옥 스테이와 구별되는 또 하나의 포인트는 독채 운영에 있습니다. 다른 숙박객과 공간을 나누어 쓰지 않아 프라이빗하게 한옥의 고즈넉함을 온전히 만끽할 수 있고, 늦은 밤이나 이른 새벽에도 자유롭게 정원에서 시간을 보낼 수 있으며, 개방된 욕실에서 북촌 풍경을 바라보며 반신욕을 즐길 수도 있습니다. 현재 독특한 특징을 가진 블루재, 힐로재, 히든재, 슬로재, 누크재, 더블재, 총 여섯 채의 독채 한옥을 운영 중인데, 향후 두 자릿수로 독채를 확장할 예정입니다.

청색 기와 아래서 그리는
오래된 미래: 블루재

블루재를 처음 발견했을 때의 감동을 잊을 수 없습니다. 1900년대 초에 지어져 100년이 넘은 블루재는 북촌에서 보존 상태가 가장 뛰어난 한옥 중 하나였습니다. 무엇보다 청기와가 올려진 담장을 보는 순간, 블루재의 핵심 스토리를 완성한 기분이었습니다. 담장 곳곳에 청색으로 쓰인 한자 주련도 블루재만의 정통적이면서도 세련된 아름다움에 기여하고 있었고요.

보존과 리노베이션 사이에서

가회동 31번지는 서울 종로구 북촌에 자리한 전통 한옥 집성촌으로, 조선 시대부터 이어진 한옥 군락이 현재까지 보전된

블루재의 거실과 다이닝 공간. 100년의 세월을 품은 우물 반자 천장과 상단의 고방 유리, 창호가 현대적인 검정색 마룻바닥, 흰 대리석으로 만든 대형 테이블, 르코르뷔지에의 LC1 암체어와 강렬한 대비를 이룬다.

지역입니다. 전통 주거 양식의 살아 있는 박물관이자 도심 속 한옥 문화유산 보존의 대표적 사례입니다. 가회동 31번지에서 100평 이상 규모의 한옥은 단 세 채뿐인데, 그중에서 일반인이 숙박할 수 있는 곳은 블루재가 유일합니다.

블루재의 거실과 복도 위 천장을 올려다보면 우물 정# 자 모양의 천장을 발견할 수 있습니다. 바로 우물 반자 천장인데요. 조선 시대에는 4두품 이하의 백성들이 사용할 수 없도록 법으로 금지된 우물 반자 천장 양식은 주로 궁궐이나 사찰에서만 볼 수 있었습니다. 주거용 한옥에 우물 반자가 적용된 것은 극히 드문 일로, 이 집의 주인이 최고 권력층이었음을 방증합니다. 또한 각 방의 벽에 그려진 고화, 정교한 고방 유리, 창호의 칸살까지 문화재급 가치를 지니고 있습니다.

블루재의 현재 모습은 스튜디오 언라벨의 세심한 손길을 거쳐 탄생했습니다. 리노베이션 과정에서는 이동일 대표와 오래 대화를 나누었습니다. "북촌 자체가 역사의 증거"라는 대표의 말처럼, 우리는 차별화보다는 보존에 더 큰 가치를 두었습니다. 이동일 대표는 한 세기를 살아 낸 한옥의 외형을 훼손하지 않으면서도 현대적인 기능을 담아내는 것이 큰 과제였다며 리노베이션 포인트를 강조했습니다.

"방과 방 사이의 벽을 터서 공간을 확장하고, 거실과 다이닝 공간을 하나로 연결해 현대인의 생활 방식에 맞게 재구성했습니다. 하지만 블루재가 가진 본래의 아름다움은 절대 건드리지 않았어요."

(좌) 기존 블루재의 기둥을 최대한 살려 벽 선반으로 리모델링했다.
(우) 석재와 목재, 유리 섬유 등 다양한 소재로 만든 작품을 블루재에 배치했다.

이 대표는 어린 시절 한옥에서 살았던 추억을 살려 세심하게 작업해 주었습니다. 천장 패턴, 현관 디자인, 마루의 마감재, 오래된 날살 문 등은 그대로 두면서도, 현대인의 편의에 맞게 공간을 재구성했습니다. 특히 공들인 부분은 색상과 재료의 대비였습니다. "검은색 나무 바닥재와 흰 대리석 테이블의 대조를 통해 절대적인 권위와 품격을 표현했어요. 100년 된 고재와 현대적인 금속 소재를 조합해 스툴, 책상, 장식품들을 제작했는데, 전통미와 현대미가 어떻게 조화를 이룰 수 있는지 보여 주는 실험이기도 했습니다." 이 대표는 이러한 대비를 'Old&New의 환상적인 매치'라고 표현했습니다.

호텔이 아니다, 문화 플랫폼이다

블루재의 진정한 매력은 세 개의 핵심 공간에서 완성됩니다. 먼저 외부 전체 전경은 그야말로 압도적입니다. 청기와가 올려진 담장과 ㄷ자 구조의 웅장한 실루엣, 가운데 큰 정원이 삼박자로 어우러져 북촌 한옥마을에서도 단연 돋보이는 위용을 자랑합니다. 남향 배치로 남산타워까지 조망할 수 있는 블루재에서는 낮에는 고풍스러운 경치를, 밤에는 환상적인 야경을 볼 수 있습니다. 거실 다이닝 공간으로 들어서면 100년 된 우물 반자 천장과 검은색 나무 바닥재, 흰 대리석 테이블의 대조가 시각적 충격을 주며, 현대적으로 재해석된 공간의 위엄과 품격을 표상합니다. 침실에 딸린 욕실에서는 통창 너머 펼쳐지는 북촌 풍경을 바라보며 반신욕을 즐길 수 있습니다. 100년 전통의 한옥 속에서 휴식의 즐거움을 만끽하는 순간이야말로 블루재에서만 경험할 수 있는 특권입니다.

블루재가 공식 개관하기 이전, 디자인하우스가 매년 북촌에서 개최하는 '행복작당'을 통해 블루재를 처음 선보였습니다. 당시 덴마크의 프리미엄 음향 기기 브랜드 뱅앤울룹슨과 협업을 진행했습니다. 이 협업은 예상 밖의 시너지를 만들었습니다. 한옥의 목조 구조가 거대한 울림통 역할을 하면서 침실은 연주홀로, 거실은 영화관으로 변신했습니다. 소리가 마룻바닥을 통해 온몸으로 전해지는 경험은 매우 특별해서 당시 이 협업 프로젝트 쇼룸에 방문한 사람들의 찬사가 이어졌습니다.

이렇듯 블루재는 문화 플랫폼과 브랜드 쇼룸으로도 활용되고 있습니다. 각국 대사관 관계자들의 미팅 장소이자, 티 클래스와 전통문화 체험의

블루재를 대표하는 100년 된 우물 반자 천장과 검은색 마룻바닥.

장소이기도 하고요. 박봉순, 김군수 등 전통 한복 명인의 작품을 착용하고 인생 사진을 촬영할 수도 있습니다. 실제로 샤넬, 프라다와 같은 럭셔리 브랜드 관계자들이 쇼룸으로서 블루재의 공간 가치를 인정했습니다. 또한 전통문화예술 공연팀 지지대악과 협업해 전통 음악 프로그램을 만들어 가야금과 거문고 연주를 듣는 자리도 마련했습니다. 앞으로도 문화 예술 공연을 꾸준히 기획해 나갈 예정입니다.

0 2

아만을 꿈꾸지만
아만을 흉내 내지 않는다

내가 하려는 것을 세상도 원하게 하는 법

우리는 실패나 결함을 허용하기보다는 대개 완벽을 꿈꿉니다. 그것이 일에 관한 것이라면 더욱 그렇습니다. 그래서 새로운 업무 프로젝트에 돌입하거나 자기 사업을 시작할 때, 완벽하게 준비해야 한다는 강박에 사로잡힙니다. 그런데 요즘처럼 변화무쌍한 시대에는 완벽이라는 목표점에 애당초 도달하기 어렵습니다. 진짜 하고 싶은 일이 있다면, 누가 뭐래도 스스로 가치를 확신하는 일이라면, 그 일이 업계의 관성을 거스르거나 통념을 깨트리는 저력을 가졌다면 일단 저지르고 보는 게 좋습니다. 생각이 많아지면 시작을 미루게 됩니다.

자기만의 일을 시작하려는 사람이 세계적으로 성공한 브랜드

북촌 한옥마을 한복판에 위치한 슬로재.

를 보면 범접할 수 없는 거리감을 느낍니다. 이런 압도적인 거리감은 좌절감이나 자괴감을 불러 일으키기 쉽습니다. 원래 가진 게 많은 사람이라 저런 사업을 하는 거라고 쉽게 생각합니다. 부정적인 생각은 쉽게 떠오르지만 모든 위대한 브랜드가 처음부터 완벽했던 것은 아닙니다. 미디어에 나오는 성공 신화는 사후에 만들어진 이야기일 뿐, 지금의 성공은 시행착오가 축적된 결과입니다. 완벽히 준비하기보다는 파격적인 아이디어를 고안해 우선 실행하는 것이 중요합니다.

완벽은 세상의 기준에 나를 맞추는 일이고, 파격은 나만의 기준을 만드는 일이라고 생각합니다. 완벽은 안전하지만 평범하고, 파격은 위험하지만 특별합니다. 이 특별함이야말로 불확실성의 시대를 뚫고 나갈 강력한 성장 도구입니다. 완벽을 추구하는 사람들은 기존의 성공 공식을 따릅니다. 벤치마킹이라는 명목으로 남이 만든 길을 따라 걷습니다. 그러나 파격을 추구하는 사람들은 누구도 가지 않은 길을 만듭니다. 수익성을 포기하더라도 고객에게 줄 수 있는 독특한 경험을 만듭니다. 운영이 복잡하고 어려워도 다른 곳에서는 절대 따라 할 수 없는 서비스를 구상합니다.

파격적인 아이디어는 비효율적으로 보입니다. 파격적인 행보를 걷는 이에게 사람들은 왜 그런 복잡한 일을 하냐고 묻습니다. 그런데 복잡함과 비효율성이야말로 경쟁자들이 따라올 수 없는 격차를 만듭니다. 자기만의 관점, 기존 틀을 벗어난 창의적 발상,

단기 효율을 포기할 수 있는 용기, 실험 정신, 보편과 특수를 동시에 품을 수 있는 너른 사고는 파격에서 출발합니다. 완벽은 과거의 기준입니다. 파격은 미래의 언어입니다.

차별성과 진정성이
공허해지지 않으려면

아만은 프리미엄 호텔업의 일인자로, 파격이라는 언어를 자기답게 제시한 글로벌 브랜드입니다. 럭셔리 호텔 업계에서 아만만큼 고유한 철학을 일관되게 실현한 브랜드를 찾기 어렵습니다. 1988년 태국 푸껫에서 시작된 이 브랜드가 오늘날 전 세계 럭셔리 호텔 업계의 새로운 기준점이 된 이유를 분석해 보면 몇 가지 특징을 찾을 수 있습니다.

아만의 혁신은 '더 적게'라는 철학에서 비롯됩니다. 호텔 업계의 전통적인 성공 공식은 더 많은 객실, 더 화려한 시설, 더 다양한 서비스였습니다. 아만은 객실 수를 의도적으로 최소화하고, 장식을 절제하며, 서비스의 깊이에 집중했습니다. 산스크리트어로 '평화'라는 의미를 지닌 브랜드명이 내포하는 브랜드 에센스를 구현하는 전략이었습니다.

아만의 창립자 에이드리언 제차Adrian Zecha가 고안한 젠zen 스타일과 미니멀리즘 미학은 당시 상당히 급진적인 시도였습니다. 금박과 크리스털이 대표하는 기존 럭셔리의 화려함 대신, 자연

명나라와 청나라 시대의 주택을 복원 및 개조해 만든 상하이 아만양윤. ©Aman

소재와 절제된 공간감으로 아만만의 고급스러움을 구현한 것입니다. 저는 아만의 절제된 미감이 럭셔리의 판도를 전환했다고 생각합니다.

아만의 진정한 경쟁력은 '아만 정키Aman Junkie'라고 불리는 충성도 높은 고객층을 형성한 데 있습니다. 이는 아만을 일단 경험하면 브랜드의 고유한 가치와 서비스에 깊이 빠져 열렬한 추종자가 되는 현상을 의미합니다. 아만 정키는 아만에 대한 강한 애착을 바탕으로 전 세계 아만 리조트들을 순례하듯 방문하고, 소셜미디어에서 해시태그(#amanjunkie)를 활용해 자신들의 특별한 경험을 기록하고 나누는 문화를 형성합니다. 자연발생적인 팬덤은 어떤 마케팅으로도 만들 수 없는 브랜드 자산입니다. 고객들이 자발적으로 브랜드 전도사가 되어 입소문을 만드는 현상은 진정성 있는 브랜드 경험이 얼마나 강력한지를 보여 줍니다.

저는 아만이 구축한 몰입형 프라이빗 럭셔리 경험에 주목했습니다. 제차는 창조적 라이프스타일을 추구하는 상위 1퍼센트의 주요 고객층이 호텔을 찾을 때 단지 편안한 잠자리를 원하는 것이 아니라, 일상에서 벗어나 영감을 얻고 재충전할 프라이빗 아지트를 찾는다는 것을 포착했습니다.

노스텔지어를 기획할 당시 아만을 가장 큰 경쟁자이자 이상적 모델로 상정했습니다. 그런데 한국의 아만을 꿈꾸면서도 정작 아만 리조트를 방문하지 않았습니다(노스텔지어를 시작하고 운영이 안정화된 이후에 다녀왔습니다). 닮으려 하면 따라가고, 따라가면

뒤처진다는 생각 때문이었습니다. 아만이 위대한 이유는 기존 럭셔리 호텔을 카피하지 않고 새로운 길을 개척한 데 있습니다. 한국적 맥락에서의 새로운 럭셔리를 창조하려면, 아만의 현실태가 아닌 아만의 정신성을 계승하는 것이 더 중요하다고 판단했습니다.

아만을 벤치마킹하는 대신 한국인의 라이프스타일, 한국인이 지금 갈망하는 것이 무엇인지 탐구했습니다. 그 답은 지나간 성공 사례가 아닌, 지금 이 순간 사람들의 마음을 사로잡고 있는 생생한 비즈니스 현장에서 찾을 수 있었습니다. 사람들이 줄 서서 기다리는 골목 식당, 문 연 지 얼마 안 되었지만 핫 플레이스가 된 공간, 수많은 사람을 끌어모으는 팝업스토어에 주목했습니다. 이곳들의 공통점은 사람의 마음을 움직이는 브랜드의 고유함이 있다는 것입니다. 화려한 마케팅이나 거대 자본이 아니라, 누군가의 진심과 창의가 만들어 낸 특별함이 사람들을 끌어당기는 것입니다.

노스텔지어만의 정체성을 찾으려는 노력이 통했는지 DMC[Destination Management Company]에서 노스텔지어를 먼저 찾아 주었습니다. DMC는 해외에서 한국을 방문하는 외국 VIP의 여행을 전문적으로 관리하는 국내 현지 여행사입니다. 해외 VIP는 개별적으로 여행 계획을 세우기보다는 프라이빗 전문 현지 여행사를 통해 일정을 조율합니다. 지금까지 서울에는 이런 손님에게 추천할 만한 수준 높은 한옥 호텔이 없었다는 소회를 전하며 노스텔지어가 문을 열자마자 DMC 관계자들이 노스텔지어를 답사했고, 그들의 바이럴을 통해 노스텔지어가 알려지기 시작했습니다.

노스텔지어는 현재 백화점 브랜드와 협력해 최상위 고객을 대상으로 하는 숙박 멤버십 프로그램에도 참여하고 있습니다. 첫해 블루재로 시작해서 현재는 히든재, 힐로재까지 총 세 채가 참여하며 B2B 고객 비율을 30퍼센트 이상으로 꾸준히 유지하고 있습니다. B2B 중심의 브랜드 마케팅은 호텔 운영의 안정성과 지속성을 유지하는 데 큰 도움이 됩니다.

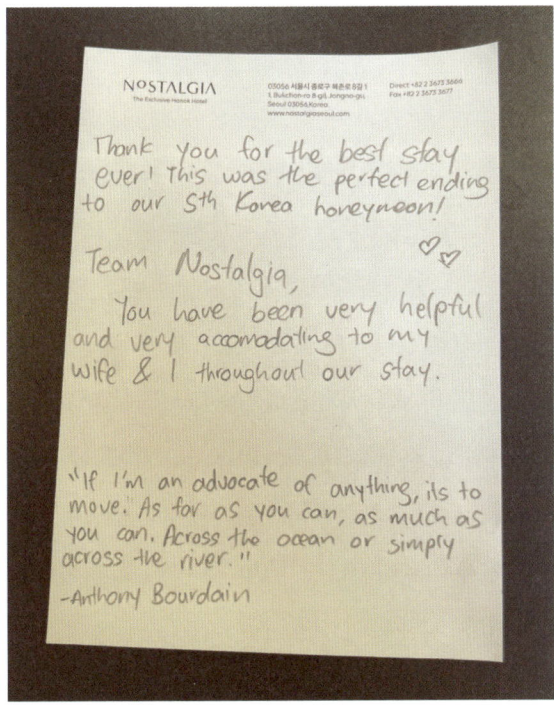

고객이 남긴 편지.

대문 하나만 열면 펼쳐지는
새로운 세상: 슬로재

북촌 한복판에 자리 잡은 슬로재는 그 이름처럼 '시간이 느리게 가는 집'입니다. 온종일 관광객들의 발걸음이 끊이지 않는 북촌로11길 한가운데 있지만, 한옥 대문을 열고 들어서는 순간 다른 시공간의 차원으로 이동한 듯 고요함이 찾아옵니다. 사실 슬로재라는 이름에 제가 이 공간을 통해 전하고 싶었던 모든 의도가 담겨 있습니다. 북촌 한복판, 종일 관광객들의 발걸음이 끊이지 않는 소란 속에서도 문 하나만 넘으면 다른 세상이 펼쳐지는 곳을 만들고 싶었거든요. 노스텔지어를 기획할 때, 독채 한옥에 각각 어떤 콘텐츠와 서비스를 채워 넣을 것인가 고민했습니다. 슬로재는 시각, 촉각, 후각, 청각, 미각을 깨울 예술적 장치가 가득한 체험의 공간입니다.

객실이 곧 예술품이 되다

한옥이라 하면 흔히 거주 공간을 떠올리지만, 노스텔지어는 상업 공간이기 때문에 상업 프로젝트를 주로 진행한 인테리어 디자이너와 협업하고 싶었습니다. 때마침 아이웨어 브랜드 젠틀몬스터에서 경력을 쌓고 독립해 1인 디자인 스튜디오를 오픈한 이혜인 대표를 알게 되었습니다. 이혜인 대표는 슬로재 프로젝트에 특별한 애정이 있었습니다. "개인적으로 호텔은 공간이 표현할 수 있는 모든 걸 함축한 장소라 여겨요. 훗날 나만의 프로젝트를 단 하나만 하게 된다면 아마 호텔이지 않을까 생각했을 만큼 관심 영역이라 협업 제안이 반가웠습니다"라고 말했거든요.

슬로재를 기획하면서 가장 중요하게 생각한 것은 슬로재에 머무르는 것 자체가 하나의 완결된 여정이 되게 하는 것이었습니다. 이는 아만이 전 세계적으로 성공한 비결과 궤를 같이합니다. 아만이 숙박의 경계를 허물고 평온함이라는 가치를 공간으로 구현해 고급화를 인정받았듯이, 슬로재 역시 '시간의 밀도'를 공간으로 구현해 새로운 경험의 지평을 열고 싶었습니다.

슬로재의 공간 콘셉트는 '힐링 큐레이션'입니다. 이혜인 대표에게 이 방향성만 제시하고, 구체적인 구현은 그에게 맡겼습니다. 이는 아만이 리조트마다 현지 건축가와 협업해 그 지역의 고유한 장소성을 극대화하는 전략과 맥을 같이합니다. 각 공간만의 고유한 서사를 만드는 것이 고급 호텔업의 기본입니다.

공간을 개조하는 과정에서 여러 도전이 있었습니다. 슬로재는 원래 가족이 살던 집이라 실용성 위주로 증축과 개량을 반복해서 공간이 잘게 쪼개져 답답한 느낌이 들었습니다. 벽을 허물고 바닥 높이를 맞추고 층고도 높여 개방감을 확보하는 것으로 착공에 들어갔습니다. 이혜인 대표는 "북촌의 역사와 감성을 고려해 외관은 최대한 보존하면서 골목 풍경에 이질감을 주지 않는 것을 우선으로" 한옥의 본질적 요소들을 살리는 데 집중했습니다. 대들보와 서까래는 투명 스테인(도료)만 사용해서 나무 본연의 물성과 시간의 흔적을 그대로 드러냈습니다. 구조체를 훼손하지 않는다는 이혜인 대표의 신념이 고스란히 반영된 것입니다. 이는 아만이 기존 건축물의 역사성을 존중하면서도 현대적 기능을 자연스럽게 통합한 것과 같은 맥락입니다.

슬로재만의 특별함은 다양한 한국 작가와의 협업에 있습니다. 슬로재

슬로재 침실 벽면에 설치한 제이든 초 작가의 패브릭 작품.

에는 제이든 초 작가의 감물 염색 패브릭 작품이 공간 전체를 감싸듯 배치되어 있습니다. 한국 전통 기법을 사용한 감물 염색과 소금 방염 기법으로 완성한 패브릭 아트를 공간에 녹여 한국적이면서도 이색적인 무드를 조성했습니다. 벽면의 패브릭 아트뿐 아니라 방석, 블라인드에 사용된 직물이 하나의 통일된 예술 언어로 기능하며 슬로재의 고유한 분위기를 만듭니다. 한국 전통 염색법을 현대적으로 재해석한 이 작품들은 시간이 지날수록 색감이 변화해 공간 자체가 살아 숨 쉬는 예술품처럼 느껴집니다.

고객은 디테일과 스토리텔링에 감응한다

슬로재의 공간감은 기본적으로 유리벽을 통해 조성됩니다. 침실 한쪽 벽을 통유리로 하고 그 너머 작은 정원을 꾸며 한 폭의 액자 같은 풍경을 만들었습니다. 침실 붙박이장 중간에 있는 네 개의 작은 사각 거울 중 하나가 문손잡이인데요. 붙박이장은 평상시에는 닫힌 벽처럼 기능하는데, 장에 붙은 작은 사각 거울을 당기면 안채와 문간채를 잇는 숨겨진 복도가 나타납니다. 경사진 복도 천장을 유리로 마감해서 문간채 기와가 보이게 한 디테일은 비밀스러운 느낌을 줍니다.

기존 사랑채는 통째로 세라믹 스튜디오로 개조했습니다. 싱잉볼, 다도, 족욕 등 여러 문화 체험 옵션을 고려했는데, 제가 직접 체험해 보니 도예가 가장 인상적이었습니다. 도자기를 빚을 때 느낀 촉각적인 자극이 정말 특별했거든요.

"공간을 단순히 관람하는 것이 아니라 참여하는 장소로 만들고 싶었습니다."

이혜인 대표의 말처럼, 손끝에 전해지는 흙의 감촉과 물레 돌아가는 리듬에 집중하다 보면 과거도 미래도 아닌 현재에 온전히 몰입하게 됩니다.

슬로재에서의 특별한 경험은 김은진 작가의 키네틱 드로잉 아트로 완성됩니다. 키네틱 드로잉 아트는 사람의 목소리, 움직임, 심지어 웃음소리까지 감지해서 그 파동으로 실시간 그림이 그려지는 추상 예술을 말합니다. 체크아웃할 때 완성된 작품을 지관통에 담아 선물로 드립니다. 공간의 파동을 기록해 드로잉 형식으로 만든 장치는 기억을 시각화하는 매개로 강한 인상을 남깁니다. 거실 중앙에 현판처럼 걸린 이 작품은 투숙객만의 예술품이 되어, 슬로재에서의 경험을 평생 간직하게 하는 물리적 증표가 됩니다. 개인화된 기념품은 고객의 브랜드 충성도를 극대화합니다.

슬로재만의 특별한 정감을 완성하기 위해 향과 음악을 개발했습니다. 한서형 향기 작가가 조향한 슬로재 향은 달항아리 모양 삼나무 조각에서 은은하게 퍼져 나가고, 전주현 작곡가가 만든 〈북촌의 별〉이 공간 전체에 흐릅니다.

슬로재에 방문한 고객들은 유독 긍정적 피드백을 자주 남깁니다. 부모님을 모시고 다시 오겠다는 분이나 노스텔지어 다른 독채에 머물면서 도예 클래스를 듣겠다고 하루만 슬로재로 옮길 수 있는지 문의하는 고객이 기억에 남습니다. 이런 피드백을 받으면 정성스럽게 큐레이션한 공간의 가치를 고객이 알아 주는 것 같아 힘이 납니다.

침실 벽면에 걸린 패브릭 작품. 한국 전통 기법으로 염색한 천에 수천 개의 비즈를 박아 넣은 커튼은 섬세한 디자인과 친환경 원단의 컬렉션을 선보이고 있는 여성복 디자이너 제이든 조의 작품이다.

사랑채를 통째로 개조해 만든 세라믹 스튜디오. 이곳에서 열리는 도예 클래스에서 숙박객들이 물레로 저마다 원하는 도자기를 빚으면 그것을 구워 고객의 집으로 배송해 준다.

고객의 소리를 감지해 그린 키네틱 드로잉 아트 작품(위)과 옥으로 만든 문손잡이(아래).

0 3

K헤리티지를
다시 생각하다

**우리가 만드는 것은 문화재도,
박물관도 아니다**

현대식 한옥 호텔을 운영하면서 심심치 않게 듣는 질문이 있습니다. "왜 굳이 북촌 한옥마을을 선택했나요?" 전주 한옥마을, 안동 하회마을, 경주 한옥마을, 서울 은평 한옥마을 등 대규모 한옥마을이나 한옥 보전 지역도 많은데 왜 이렇게 경사지고 골목이 구불구불한 북촌 한옥마을에 호텔을 차렸느냐고 말입니다. 답은 간단합니다. 희소한 자원에 집중했기 때문입니다. 600년 역사가 살아 숨 쉬는 골목과 고층 빌딩 숲속에서 기적처럼 보존된 한옥마을의 풍경은 다시 만들어 낼 수 없는 절대적 자원입니다.

북촌 한옥마을은 새로 조성된 인위적인 한옥 클러스터가 아닙니다. 오랜 시간을 머금은 한옥이 군집을 이룬 자연발생적인 한옥 클러스터입니다. 이런 특성을 가진 지역은 서울에서 거의 유일할 거예요. 전통 가옥만이 가진 향수, 문을 열면 자연스럽게 이어지는 실내외 공간, 계절마다 다른 표정을 보여 주는 처마와 기둥의 그림자는 최신 현대 건축으로도 만들 수 없는 고유한 정서를 품고 있습니다.

영국의 역사학자 에드워드 카^{E.H. Carr}가 말했듯이, 역사는 과거와 현재의 끊임없는 대화입니다. 노스텔지어가 역사를 계승하는 관점은 카의 논리에 기반을 둡니다. 전통이란 박물관에 박제된 유물이 아닙니다. 오늘을 사는 우리가 필요에 따라 선택하고 재해석하는 살아 있는 자원입니다. 노스텔지어는 전통 한옥을 그대로 복원한 공간이 아닙니다. 취약한 단열 구조, 불편한 화장실, 부족한 수납공간까지 재현할 이유는 없으니까요. 대신 자연과의 조화, 공간의 여유로움, 계절의 변화를 느낄 수 있는 한옥만의 감성은 고스란히 살려 냅니다. 전통의 진짜 가치는 과거 그 자체가 아니라, 과거의 지혜가 현재의 필요와 만날 때 창출되는 새로운 쓸모에 있습니다.

노스텔지어를 운영한 지 3년여가 지나면서, 노스텔지어가 자리를 튼 로컬의 변화를 가까이에서 지켜봤습니다. 코로나19가 종식되고 청와대가 개방되며 관광객의 새로운 성지가 된 이후, 북촌 일대에는 예전과 확연히 다른 풍경이 펼쳐지고 있습니다. 중국어와 일본어가 주로 들리던 골목길에서 이제 영어, 불어, 스페인어 등 다양한 서구 언어를 들을 수 있습니다. 서구권 관광객들은 일반적인 호텔이 아닌 한옥에서 머물며 한국 문화를 깊이 있게 경험하고자 합니다. 이러한 현상은 관광 트렌드의 변화를 넘어선 한국 전통문화에 대한 진지한 관심의 표현이라고 생각합니다.

한옥을 바라보는 관점의 변화도 흥미로운 부분입니다. 한옥은 거주 공간으로서 여러 제약이 있습니다. 주차 공간의 부족, 냉난방 효율의 한계, 교육 시설의 접근성 문제 등등은 치명적인 단점이지요. 그리고 자산 운용 측면에서도 유동성 확보가 어렵고 개발이 제한된다는 점은 불리한 요소입니다. 그러나 거주 공간에서 체험 공간으로 한옥의 정체성을 전환하면, 오히려 제약의 요소가 한옥만의 독특한 매력으로 재해석될 수 있습니다. 프라이버시를 보장하는 독채, 마음껏 사용할 수 있는 냉난방 시스템, 노스텔지어만의 주차 서비스, 전통 한옥에서의 문화 프로그램에 참여하는 것은 비일상적인 희소한 경험을 보증합니다. 자산 운용 측면에서도 매각 차익 중심의 단기 수익 모델에서 벗어나 임대나 운영 수익 기반의 지속 가능한 비즈니스 모델로 전환할 수 있습니다.

한옥의 쓰임을 강화하는 데 가장 중요한 것은 전통의 보존이 아니라 현대적 재해석입니다. 한옥을 '건축물'로 인식해 '복원'과 '보존'에 매몰되는 경향이 있으나, 이러한 시각은 한옥의 활용 가치를 축소하고 시장 수요를 위축시킬 위험이 있습니다. 경직된 사고는 한옥을 박제화시키고 사람들이 한옥을 외면하게 합니다.

실제로 외국인 고객들과 대화해 보면 현대적 재해석의 가치가 얼마나 시장성이 있는지를 알 수 있습니다. 그들은 한국의 전통이 창의적으로 해석된 결과물을 기대합니다. 차경에 조명을 결합하거나, 다도의 정신을 공간 연출로 표현하는 것에 더 큰 감동을 받습니다.

무엇보다 현대적 재해석 없이 한옥 스테이의 지속가능성을 담보하기 어렵습니다. 이 장에서는 한옥 스테이를 한옥 호텔, 한옥 단기 임대, 한옥 게스트하우스 등 한옥 숙박 시설을 총괄하는 개념으로 상정하겠습니다. 한국관광협회중앙회 자료에 따르면, 현재 전국에 1,750여 곳의 한옥 스테이가 운영되는 중인데, 그 숫자가 꾸준히 증가하는 추세라고 합니다. 전통 형태만을 고수한다면 성장 중인 한옥 스테이 시장에서 차별화가 불가능합니다. 한옥 스테이를 즐겨찾는 고객들이 '다 똑같다', '식상하다'는 평가를 내리기 시작한 것이 이를 방증합니다.

섞어라, 그러면 팔릴 것이니

한옥의 정수를 현대적 해석을 통해 재구성하고, 현세대에게 새로운 경험의 공간을 제공하는 창조적 시도는 전통 계승의 한 방편입니다. 조선 시대 한옥이 그 시대의 생활 방식과 기술 수준에 맞게 진화한 것처럼, 21세기 한옥도 현대인의 라이프스타일과 기술을 수용해야 합니다. 스마트홈 시스템을 한옥에 적용하거나, 친환경 기술을 전통 건축 원리와 융합하는 시도가 그 예입니다. 특히 거주 공간에서 체험 공간으로 전환하는 과정에서 이러한 현대적 라이프스타일을 적용하는 것이 중요합니다. 전통 다도를 브런치 문화와 결합하거나, 한옥의 정적인 아름다움을 멀티미디어로 표현하는 시도는 고객들에게 더 깊은 인상을 남깁니다. 기능적 숙박이 아닌 소중한 추억, 즉 'One Memory'로 만들려면 창의적 접근이 필수적입니다.

최근 한국 문화 콘텐츠의 글로벌 성공 사례를 보면 전통과 현대의 창의적 결합이 얼마나 유의미한지 확실히 알 수 있습니다. 〈킹덤〉이 조선 시대 좀비라는 파격적 설정으로 해외에서 큰 호응을 얻은 것, 〈케이팝 데몬 헌터스〉의 커다란 성공도 같은 맥락입니다. 이들은 한국의 전통을 현대적으로 재해석하여 전 세계 관객이 공감하는 보편의 언어로 만들었습니다. 경복궁에서 개최된 글로벌 브랜드 패션쇼도 전통과 현대의 창의적 융합이 만들어 낸 성과입니다.

한옥 스테이도 이 방향으로 나아가야 합니다. 전통의 형태적 보존에 매몰되지 말고, 그 정신과 철학을 현대적으로 재생산해 21세기에 맞는 새로운 문화 콘텐츠로 발전시켜야 합니다. 이것이야말로 한옥을 살아 있는 문화유산으로 만드는 길이며, 한국 문화의 창의성과 역동성을 보여 주는 방법이라고 확신합니다.

누크재 거실. 잉고 마우러 종이 전등과 독특한 한국화 작가 임태규의 그림,
미드 센추리 모던 스타일의 가구가 한옥과 독특한 조화를 이룬다.

규모의 한계를 이긴
협소한 한옥의 매력: 누크재

누크재를 론칭하기까지 내부적으로 치열한 논쟁이 있었습니다. 노스텔지어가 추구해 온 방향은 명확했습니다. 40평 이상의 넉넉한 공간에서만 한옥을 제대로 경험할 수 있다고 믿었고, 실제로 소형 한옥을 되판 적이 있을 만큼 작은 한옥에 부정적이었습니다.

부동산은 냉정한 시장 논리로 움직입니다. 브랜드를 확장하고 규모의 경제를 달성하려면 시장 매물을 확보해 적절한 시기에 론칭해야 하는 것이 사업가의 숙명입니다. 규모의 경제를 달성할 것인가, 대형 평수의 기조를 유지할 것인가를 두고 노스텔지어 내부에서도 의견이 분분했습니다. 그렇게 현실과 이상 사이에서 고민하다 마침내 가회동의 작은 한옥을 노스텔지어의 개별 독채로 만들기로 했습니다.

누크재 침실. 벽에 걸린 북한 화가 김상직의 그림과 평상형 침대에 놓인 짚으로 엮은 바구니가 공간을 더 아늑하게 만든다.

신규 고객은 알고,
기존 고객은 모르는 것

제약으로만 보였던 누크재의 협소한 공간이 오히려 특별한 매력이라는 것을 고객 피드백을 통해 확인할 수 있었습니다. 30평 남짓의 누크재는 기존 40평 이상의 중대형 한옥과는 다른 고객층인 젊은 커플과 소가족의 호응을 받았습니다. 높은 가격대로 노스텔지어를 이용하기 어려웠던 새로운 고객층이 누크재를 통해 노스텔지어를 처음 경험하게 된 것입니다. 신라호텔이 신라스테이라는 비즈니스호텔을 출시할 때를 생각해 보세요. 기존 신라호텔 고객들은 '브랜드 포지셔닝이 달라지는 것 아닌가'라며 우려했지만, 타깃 고객층인 비즈니스맨들은 '합리적 가격에 신라호텔을 경험할 수 있다'며 환영했습니다.

누크재라는 이름에는 브랜드 방향성이 담겨 있습니다. '누크^{nook}'는 아늑하고 조용한 곳이라는 뜻으로, 누크재에 가까운 사람과 함께 편안하게 시간을 보낼 수 있는 공간이라는 의미를 담았습니다. 노스텔지어는 럭셔리 한옥 숙박업의 특성상 상당한 가격대를 유지해 온 것이 사실이라서 다소 접근하기 어려웠습니다. 누크재는 '프티^{petit} 노스텔지어'라는 방향성으로 노스텔지어가 추구해 온 품격 있는 정체성은 그대로 유지하면서도 합리적인 가격으로 더 많은 고객이 브랜드를 경험할 수 있도록 기획된 공간입니다.

프로젝트별 전문가를
전략적으로 선택한다

브랜드는 일관성을 유지하는 것이 중요하지만, 각 프로젝트의 제약을 극복하고 공간 콘셉트를 최적으로 구현할 전문가를 선택하는 것이 그보다 중요할 수 있습니다. 노스텔지어는 상업 공간 디자이너와 일한다는 나름의 원칙을 가지고 있는데, 누크재의 좁은 평수를 최대한 활용하기 위해 예외적으로 공간 활용 능력이 뛰어난 주거 전문가와 협업했고 기대 이상의 결과를 얻었습니다.

"한옥의 크기와 건축적 틀은 시간이 흘러도 변하지 않습니다. 호텔이기 이전에 누크재는 집이었습니다. 그 집에서 산 이들의 삶을 떠올렸습니다. 그들은 좁고 제한된 공간을 최대한 넉넉히 활용하고자 고민했을 텐데요. 고민을 이어 가려 노력했습니다."

누크재 설계를 맡은 주거 인테리어 전문가인 마이우스의 오상화 대표가 밝힌 작업 소회입니다. 오 대표의 손을 거친 누크재는 새롭게 태어났습니다. ㄱ 자 본채와 사랑채가 작은 안뜰을 둘러싼 기본 구조는 유지하되 방의 역할과 이동 동선, 창을 전면 교체해 답답했던 첫인상을 바꾸었습니다. "아담한 한옥 안에 방이 여러 개로 나뉘어 있었는데요. 현대적 호텔 기능을 부여하려면 동선과 개방감을 확보하는 것이 중요했습니다. 작게 나뉜 방의 벽을 허물어 침실, 주방, 화장실, 거실 등으로 공간을 재구성하는 것이 까다로운 도전 과제였습니다."

별체를 개조해 만든 풋 세러피장.

사랑채는 누크재의 상징입니다. 가구를 넣기도 어려울 만큼 좁았던 버려진 공간을 풋 세러피 공간으로 만들었습니다. 별채의 벽을 모두 철거하고 영역을 단차로 구분해 공간 전체에 자연스러운 흐름을 만들었습니다.

고객 경험 차별화에 올인하다

호텔을 찾는 기쁨 중 하나는 일상의 경계를 넘어 특별한 순간을 만나는 데 있습니다. 누크재는 노스텔지어의 다른 독채에 비하면 공간 규모는 다소 작지만, 규모의 한계를 극복하고자 섬세한 디테일로 눈길이 닿는 모든 공간에 세세하게 의미를 부여했습니다. 펜던트 조명이나 수저를 선택할 때도 일상에서 쉽게 접할 수 없는 것들로 신중히 골랐습니다. 누크재의 브랜드 경험은 한눈에 들어오는 화려함보다 머물면서 발견하게 되는 디테일에서 완성됩니다. 오 대표가 가구나 기물에 접근하는 방식과 철학이 저희가 지향하는 그것과 맞닿아 있다고 느꼈습니다.

"전통적인 목재, 한지 소재는 따뜻하고 온화한 분위기를 만들지만, 텍스처의 존재감이 강해 텁텁하고 답답한 느낌을 줄 수 있습니다. 단점을 보완하기 위해 화장실과 침실 사이의 구조 기둥을 스테인리스 소재로 마감하고, 주방 기둥을 도장으로 마감해 매끈한 느낌을 더했습니다."

누크재는 연박률이 높은 독채입니다. 그 배경에는 노스텔지어가 전달하고자 하는 브랜드 메시지가 공간으로 적절히 구현됐기 때문이라고 생각합니다. 먼저 잉고 마우러 전등과 임태규 작가의 작품이 만나는 거실의 장면은 노스텔지어가 추구해 온 '글로벌과 로컬의 조화'라는 정체성을 자연스럽게 보여 줍니다.

주방 싱크대를 첨탑 형태로 디자인한 것도 기능적인 공간을 브랜드 이야기가 살아 있는 무대로 만들고자 하는 시도였습니다. 고객들이 요리하는 일상의 순간을 '전통과 현대가 어우러지는' 브랜드 경험이 되도록 의도한 것이죠.

풋 세러피 공간은 웰니스를 추구하는 현대 라이프스타일을 반영한 공간입니다. 전통 문양의 창호는 살리면서 족욕기나 조명 같은 현대적 편의시설을 더했습니다. 큰 창을 통해 마당을 바라보게 하는 자연스러운 흐름이 고객들로 하여금 카메라를 켜게 하고, 그 순간이 SNS로 공유되는 것도 의미 있는 결과입니다. 브랜드 경험 설계의 효과가 연박률과 숙박률 수치로도 확인되고 있습니다.

전통 '탑' 모양을 모티프로 디자인한 싱크. 조명, 선반, 쿡탑, 서랍 등 주방 가구를 한데 모아 놓아, 좁은 공간을 효율적으로 활용할 수 있게 했다.

04 **시스템이 곧
생존이다**

한옥 호텔 오너의 이상과 현실

노스텔지어를 다녀간 업계 관계자나 지인들은 어떻게 이런 브랜드를 만들었냐고, 자신도 이런 브랜드를 만들고 싶고 부럽다는 말을 종종 합니다. 제가 봐도 여섯 채의 독채 한옥이 좀 멋지기도 하고, 한옥 호텔에는 분명 낭만이라는 코드가 있어 이해가 안 되는 것은 아니지만 그런 말을 들을 때마다 어정쩡한 미소를 짓게 됩니다. 한옥 호텔의 낭만은 고객이 느끼는 것이고, 운영자인 저는 그 낭만을 지키기 위해 매일 현실과 씨름하고 있을 뿐이거든요. 호텔 운영은 지극히 현실적인 문제의 연속입니다. 몇 가지 예를 들어 볼까요?

해마다 5월이면 노스텔지어의 전 직원은 곤충과의 전쟁을 대

자연과 어우러진 공간이라는 한옥의 특성상 방역은 노스텔지어의 가장 큰 미션이다.

비합니다. 아파트 생활을 하는 사람들은 익숙하지 않겠지만 톡토기라는 벌레가 창궐하는 시기입니다. 톡토기는 러브버그처럼 해로운 벌레를 잡아먹는 이로운 곤충이지만, 보통 사람 눈에는 불시에 눈치 없이 튀어나오는 불청객일 뿐입니다. 벌레에 민감한 고객이 톡토기 때문에 도저히 잠을 잘 수 없다며 독채를 옮겨 달라는 경우도 있었고, 강력한 생명력을 가진 톡토기는 방역 회사의 손길에도 잡히지 않아 5월부터 장마가 시작되는 6월 말까지 자체적으로 방역을 합니다. 그 기간에는 효과적인 방역을 위해 매주 수요일은 예약을 받지 않고 한옥을 비워 둡니다. 한 달에 네 번 일정한 수익을 포기하는 셈이지만 그러지 않고는 톡토기

전통 한옥의 모습을 간직한 위채(왼쪽)와 현대적으로 디자인한 아래채(오른쪽)가 중정을 사이에 두고 마주 보고 있어 독립된 두 공간을 경험할 수 있는 힐로재.

의 성장 기세를 막을 도리가 없습니다. 한옥은 자연과 함께 어우러진 공간이고, 정원을 감상하고 밖을 보기 위해 문을 활짝 열어두는 고객이 대다수라서 애써 방역한다고 자연의 곤충을 완전히 차단할 수 있는 것도 아니지만, 외주 방역업체를 이용하고 있음에도 추가로 매주 방역을 시행하는 것과 하지 않는 것에는 확연한 차이가 있습니다. 봄, 여름 시즌에는 체크인할 때 "혹시 작은 벌레를 보시더라도 놀라지 마세요. 자연 속 한옥의 특성상 간혹 나타날 수 있습니다"라고 고객에게 미리 알립니다.

작가들의 작품을 일상용품으로 활용한 노스텔지어는 한옥 내 배치한 기물 하나하나의 값이 제법 비싼 편입니다. 찻잔, 주전자, 방석, 조명 등의 가격을 알면 놀라는 사람들도 많고요. 이 역시 체크인할 때 충분히 특이 사항을 전달하고 주의를 부탁하지만, 수십만 원대의 잔이 깨지거나 훼손되는 일도 심심치 않게 생깁니다. 사실 기물이야 어쩌다 파손될 수도 있지만, 아주 드물게 사람이 다치는 일도 있습니다. 가족 단위의 투숙객들이 화목한 시간을 보내다 장난기 넘치는 아이가 침대 모서리에 머리를 부딪혀 구급차에 실려 간 일도 있었고(그 뒤로 모든 침대에 헤드를 없앴습니다), 그 외 크다면 크고 작다면 작은 사건들이 매주 혹은 매일 일어나니, 한옥 호텔의 낭만은 제 몫이 아니라는 것이 빈말은 아닐 것 같습니다.

비싸도 팔리는 서비스의 기본

　　　　　　한옥 호텔을 운영한다는 것은 멋진 공간을 만드는 것과는 다른 차원의 일입니다. 테슬라 창업자의 말마따나 훌륭한 전기자동차 한 대를 만드는 건 누구나 할 수 있지만, 전기자동차를 대량 생산하는 건 전혀 다릅니다. 누구나 한 권의 책은 쓸 수 있지만, 그 이상의 책을 쓰는 건 작가라는 직업의 영역인 것처럼요. 대량 생산된 자동차를 운영하고 관리하는 것은 또 다른 차원의 일이고, 집필한 수십 권의 책을 유통하고 관리하는 것 역시 창작과는 다른 영역의 일입니다. 한옥 호텔도 그렇습니다. 한옥 호텔 한 채를 완벽하게 만드는 것과 여러 한옥 호텔을 일관된 품질로 동시에 운영하는 것은 아예 다른 일입니다.

　예를 들어 일반 호텔의 객실은 대부분 똑같은 구조입니다. 청소하는 방법도, 점검하는 절차도, 고장 날 때 대처하는 방식도 매뉴얼로 정해져 있고 각층을 엘리베이터로 오가며 청소 도구와 비품을 운반할 수도 있습니다. 하지만 한옥 호텔은 다릅니다. 노스텔지어의 한옥은 마치 서로 다른 성격을 가진 사람처럼 개성이 뚜렷해 일관된 매뉴얼을 적용하기 어렵습니다. 어떤 한옥은 욕조가 거실에 나와 있고, 어떤 한옥은 동굴 같은 공간이 있으며, 이동 수단이 닿을 수 없는 골목 안쪽에 자리한 한옥도 있습니다. 북촌 한옥마을의 지형적 특성상 지대의 높낮이가 다르고, 각 한옥까지의 거리와 접근 방법도 제각각입니다. 여섯 채가 고루고루 떨어져 있어 체크아웃 시간이 되면 도장 깨기를 하듯 클리닝

팀이 움직여야 손님 맞을 채비를 마칠 수 있습니다.

청소만이 문제가 아닙니다. 저녁 7시부터 10시까지는 노스텔지어 직원들에게는 가장 바쁜 시간대입니다. 노스텔지어의 핵심 고객층인 외국인 관광객이 체크인하고, 북촌 주위의 관광지를 둘러본 뒤 본격적으로 숙소에 머무는 시간이 되면 거의 동시다발적으로 여섯 채 한옥에서 문의가 몰려옵니다. 수전을 어떻게 사용해야 하는지, 온돌 장치를 어떻게 켜야 하는지, 온수가 왜 바로 나오지 않는지 등등 문의 내용도 다양합니다. 한옥마다 냉난방이나 온수 시스템이 달라서 태블릿에 매뉴얼을 기록해 두었지만, 매뉴얼을 보기보다 실시간으로 질문을 합니다. 또한 관광객이 몰리는 북촌로를 지나 각 한옥에 룸서비스를 제공하는 일도 만만치 않습니다. 골프 카트 같은 편리한 이동 수단은 법적 제약으로 사용할 수 없어 직원들이 뛰어가 고충을 해결하는 경우도 많고, 이불이나 베개처럼 부피가 큰 항목은 소형 자동차로 옮겨야 하는데 좁은 길에 관광객이 빼곡하게 들어서 있으면 움직일 도리가 없습니다. 소음 규제 때문에 경적을 울릴 수도 없고요.

흩어져 있는 한옥을 빠르고 효율적으로 이어 줄 이동 수단이 필요해 소형 전기차를 주문했습니다. 가솔린이나 디젤 차량 말고 전기차를 고집한 이유는 매연, 소음으로 주민들에게 피해를 주고 싶지 않아서였습니다. 노스텔지어 사람들은 소형 전기차를 'ET^{Electric Transportation}'라고 부르는데요. 추억의 명작 영화 〈ET〉에서 이티와 아이의 손가락이 닿아 영혼이 연결되는 것을 빗댄 애

칭입니다. ET는 동떨어진 한옥과 한옥을 연결하고, 저희와 고객을 연결하는 노스텔지어의 소중한 일원입니다.

노스텔지어만의 운영 복잡성을 관리하기 위해서는 일반 호텔과는 완전히 다른 시스템이 필요했습니다. 일반 호텔의 수직적 시스템도, 리조트의 수평적 시스템도 아닌, 이웃하지 않은 한옥을 연결해 합리적인 동선을 만드는 입체적인 시스템이 필요했습니다. 2022년에 블루재, 히든재, 힐로재를 오픈하고 아고다나 호텔스닷컴과 같은 숙박 플랫폼에 입점하지 않았습니다. 바이럴을 만들기 위해 인플루언서 마케팅도 하지 않았습니다. 디마케팅으로 하이엔드 브랜드의 위상을 높이고자 하는 의도도 있었지만, 운영 시스템을 충분히 테스트하지 못해 하늘이 도와 예약이 빗발쳐도 방문객이 만족할 서비스를 제공하지 못할 것 같았습니다.

초기 2년간은 OTA$^{\text{Online Travel Agency}}$ 플랫폼을 활용하지 않았지만, 2025년부터 OTA 서비스를 도입했습니다. 노스텔지어만의 브랜드 아이덴티티와 운영 시스템이 충분히 안정화되었다고 판단했거든요. OTA 서비스 시작 이후 평균 객실 점유율이 85퍼센트 이상 유지되고 있고, 월간 매출 성장세도 뚜렷하게 나타나고 있습니다.

저에게 가장 의미 있는 성장 지표는 객실 점유율이나 매출률이 아니라 고객 재방문율입니다. 숙박업계에서 재방문율을 어느 정도 중시하는지는 확실하지 않지만, 노스텔지어에서 재방문율이 특별히 중요한 이유가 있습니다. 노스텔지어의 독채는 고유한 테마와 스토리를 바탕으로 기획되었기 때문에, 재방문은 각 한옥의 독창적인 서사와 차별화된 경험을 고객들이 인정하고 기대한다는 증거가 될 수 있기 때문입니다. 2025년 여름 여섯 채 한옥을 모두 경험한, 프랑스에서 오신 첫 고객의 등장은 저에게 더할 나위 없는 기쁨이었습니다.

창업 후 첫해는 동떨어진 한옥들을 효과적으로 연결하는 운영 시스템 개발에 골몰했습니다. 분산된 한옥을 하나의 운영 체계로 묶어 내는 작업은 예상보다 복잡했습니다. 체크인과 체크아웃 시간을 모든 한옥에서 동시에 맞춰야 하는데, 각각의 위치와 특성이 다르니 개별 한옥이라는 점을 선으로 연결하기가 쉽지 않았습니다. 특히 클리닝 시스템을 구축하는 게 너무나 어려웠습니다. 11시 체크아웃과 3시 체크인이라는 약속된 시간을 지키려면 네 시간 안에 청소와 인스펙션(객실 점검)을 마쳐야 하는데, 한옥마다 규모도 다르고 필요한 관리 요인도 달라 정밀한 시계처럼 움직여도 시간을 맞추기 쉽지 않았습니다.

청소 영역의 우선순위를 정하기도 까다로웠습니다. 하이엔드 호텔을 지향하는 만큼 완벽한 청결을 유지해야 하는데, 일반 호텔처럼 정해진 매뉴얼로는 불가능했습니다. 예를 들어 창호 청소만 해도 일반 호텔의 유리창과는 차원이 다릅니다. 가느다란 나무 격자 사이사이에 낀 먼지는 일반적인 청소 도구로는 제거하기 어렵습니다. 전용 솔을 사용해 하나씩 닦아 내야 하는데,

이 과정만으로도 한 시간 이상이 소요됩니다. 대들보 청소는 더 복잡합니다. 높이가 2미터가 넘어 사다리를 사용해야 하고, 목재 표면이 손상될 수 있기에 나뭇결을 따라 섬세하게 먼지를 제거해야 합니다. 나무 기둥과 들보, 한지를 바른 창문, 마룻바닥에는 일반적인 화학 세제를 함부로 쓸 수 없습니다.

　기존 시스템에 길든 일반 호텔 경력자를 의도적으로 채용하지 않았습니다. 호텔의 관리 노하우를 노스텔지어의 특수한 환경에 적용할 수 없을 테고, 경력자들이 오면 자신에게 익숙하거나 수월한 방식을 이식하려 할 것을 알았기 때문입니다. 호텔업 경력이 전무하지만 몸도 마인드도 건강한 직원들과 함께 온라인 콘텐츠를 참고하며 클리닝 노하우를 독학했습니다. 꼭 한옥 호텔이 아니어도 독채 펜션을 운영하는 유튜버들이 올린 영상이 의외로 도움이 됐습니다. 매일 청소해야 하는 것과 일주일에 서너 번 시간 간격을 두고 해도 되는 것을 구분하고, 상황에 따라 유연하게 대응할 수 있는 노하우를 쌓아 노스텔지어만의 클리닝 시스템을 구축했습니다.

　그 외 운영 시스템도 제법 탄탄하게 자리 잡아 숙박 플랫폼의 러브콜에도 긍정적으로 응대하고 있는데요. 노스텔지어 블루재가 동북아시아 최초로 에어비앤비의 최상위 프리미엄 컬렉션인 럭스Luxe와 글로벌 온라인 여행 플랫폼 스테이스stays에 공식 등재되어 좋은 반응을 얻고 있습니다.

내부 마케팅이 먼저다

　　　　　　노스텔지어에서는 임직원 모두를 '노스텔지언'이라 칭합니다. 노스텔지어의 조직 문화와 복지 체계를 만드는 차원에서 분기별로 노스텔지언을 위한 특별 행사를 진행하고 있는데요. 동료들과의 유대감은 물론이고, 노스텔지어에서 일하는 시간이 개인의 삶에서도 의미 있고 유익한 시간이 되었으면 하는 진심 어린 바람에서 시작한 행사입니다.

　가장 먼저 시작한 행사는 매년 초에 열리는 '인베스트먼트 데이'입니다. 저와 파트너들이 재테크 강의를 한 다음, 직원들이 1년 동안 실제로 재테크 투자를 해 본 후, 12월에 그 결과를 공유하는 행사입니다. 높은 수익을 올린 직원들에게 포상을 주는 시상식도 열고 있습니다. 젊은 직원들의 경제적 여건을 고려해서 100만 원으로 투자 금액을 한정해 실제, 또는 가상으로 투자를 실행하는데, 투자 대상은 KOSPI 200, S&P500, 나스닥 상장 종목으로 한정하고요. 부동산은 서울 지역 내 500세대 이상, 지하철역 도보 10분 이내, 초등학교 도보 10분 이내 등 까다로운 조건을 갖춘 곳으로 제한했습니다. 부동산은 국민은행 시세의 중간값을 기준으로 가상 투자를 허용합니다. 투자 경험의 장을 조직 차원에서 마련한 이유는 직원들이 경제적 자유를 찾는 데 조금이나마 도움을 주고 싶기 때문입니다.

　또 하나 소중하게 여기는 행사는 모든 직원이 참여하는 체육대회로 벌써 3년째 이어 오고 있습니다. 평범한 사내 체육대회로 보일 수도 있지만, 연중무휴로 운영하는 호텔에서 하루를 온전히 휴업하고 전체 임직원이 함께 모인다는 것은 회사로서는 큰 결단이 필요한 일입니다. 직원들은 두 팀으로 나뉘어 퇴근 후 시간을 내어 체육대회 연습에 참여합니다. 이 과정에서 직원들이 친해지는데요. 바쁜 업무로 평소에는 얼굴 보기도 어려운 경우가 많은데, 함께 준비하는 시간을 통해 같은 목표를 향해 나아가는 소중한 동반자라는 마음이 자연스럽게 생겨나는 것 같습니다.

불변의 진리, 고객은
비일상성을 갈망한다: 힐로재

힐로재는 두 가지 의미로 네이밍되었습니다. 하나는 언덕 위에 자리한 집이라는 뜻의 'Hill'과 길의 뜻을 가진 '로路'의 조합이고, 다른 하나는 반갑게 맞이한다는 'Hello'의 고어(Hillo)입니다. 북촌 한옥마을의 가장 높은 곳에서 너른 마음으로 모든 손님을 환영한다는 의미를 담은 이름입니다. 약 40평 규모의 개량 한옥을 리노베이션한 힐로재는 위채와 아래채로 나뉘어 있는데요. 두 개의 독립된 공간을 경험할 수 있습니다.

저는 힐로재를 예술품을 향한 판타지를 충족시키는 비일상적 공간으로 만들고 싶었습니다. 또한 동종 업계인과 경쟁하지 않고 독점적 영역을 만들어 비교 불가능한 자리에 안착하고 싶은 욕망도 컸습니다. 그래서 보통의 한옥 스테이가 전통 공간 임대업의 범주에 머물러 있을 때, '예술품

힐로재 위채에 배치한 허명욱 작가의 테이블. 이곳에서는 예술품을 일상용품으로 사용하는 특별한 경험을 서비스한다.

을 일상용품으로 사용한다'는 파격적인 콘셉트로 아트 라이프스타일 큐레이션이라는 새로운 카테고리를 구축했습니다.

감정과 경험을 서비스하는 호텔

예술품을 일상 용품으로 구비하는 것은 프리미엄 숙박비의 근거 중 하나가 되고, 예술품을 일상적으로 사용해 보는 경험은 바이럴로 이어질 가능성이 큰 샘물 같은 콘텐츠라고 생각했습니다. 작품을 시즌별로 바꾸면 새로운 모습을 철마다 보여 줄 수 있어 같은 고객들이 재방문할 목적이 될 수 있겠다 싶었고요.

힐로재의 기획 포인트는 경험 자체를 상품화한 데 있습니다. 일반적인 비즈니스가 제품이나 서비스의 기능에 집중할 때, 힐로재는 고객이 오직 힐로재에서만 느낄 수 있는 충만감과 희소한 경험을 핵심 상품으로 만들었습니다. 갤러리에서 눈으로만 감상하던 허명욱 작가의 스툴에 앉아서 류연희 작가의 주전자에 담긴 차를 마시며 소중한 사람들과 이야기꽃을 피우는 순간은 어디서도 경험할 수 없는 공감각적 콘텐츠가 되는 것이죠. 이는 모든 업종에 적용할 수 있는 전략입니다. 자신만의 고유한 문제의식과 욕망을 제련해 핵심 상품으로 만들면, 가격 경쟁에서 벗어나 독점적 시장을 창조할 수 있습니다.

힐로재의 리노베이션은 인테리어 디자인 스튜디오 길연의 이길연 대표가 맡았습니다. 이길연 대표는 예술 작품과 공예품을 일상에 녹여 내는 공간 디자인 전문가로 알려져 있습니다.

"고이 모셔 두기만 하는 작품이라면 소장하는 의미가 있을까요? 실생활에서 써야 예술도 내 것이 됩니다. 주거 공간을 디자인할 때도 아트 퍼니처를 실제 사용 가구로 제안하는데, 아끼고 모셔 둘 거라면 절대 사지 말라고 조언합니다."

이 대표와 힐로재의 리노베이션 방향성을 의논할 때 나누었던 대화가 아직도 생생합니다.

이 대표는 예술이 생활 속에서 시작된다고 강조했습니다. "대청으로 향하다 침실의 열린 문 너머로 박찬우 작가의 사진 작품을 보면 순간 멈칫해요. 벽 너머로 낯선 깊이감이 느껴지거든요. 가까이 들여다보면 익숙한 그릇장 풍경이에요." 힐로재에 구비된 일상적인 모든 기물과 가구는 예술 작품입니다. 기성품이 하나도 없다는 게 다소 이질적으로 느껴질 수도 있는데, 힐로재에 머물다 간 손님들은 100퍼센트 만족합니다. '아트피스 한옥'이라는 정체성이 힐로재만의 특별함을 전달하는 똑똑한 콘셉트였다는 것을 고객들의 피드백으로 확신하게 되었고요.

한계를 천착하면 블루오션이 보인다

힐로재는 위채와 아래채로 공간이 분리되어 있습니다. 위채와 아래채가 다른 공간적 색채를 가져서인지, 고객들이 두 공간에서 하는 활동이 다릅니다. 위채에서는 주로 명상을 하거나 차를 마시며 정적인 활동을 하고, 아래채에서는 여럿이서 모임을 갖거나 파티

힐로재에 묵는 고객들은 탄화석 의자에 앉아 도자기 테이블 위에서 식사를 하고 차를 마신다.

를 합니다.

사실 100평도 아니고 40평대 한옥이 두 개의 공간으로 분리되어 있다는 것은 생활의 편의성을 떨어트리는 단점이 될 수 있습니다. 그러나 전통 건축물의 구조적 제약을 브랜드의 핵심 차별화 요소로 전환할 수 있다고, 즉 '위채와 아래채의 대조적 경험'이라는 힐로재만의 독특한 자산으로 바꿀 수 있다고 생각했고, 다행히 그 생각이 틀리지 않았던 것 같습니다. 모든 브랜드는 저마다의 한계를 갖고 있습니다. 이를 숨기기보다는 그 한계를 고유한 브랜드 자산으로 재해석하는 관점 전환이 필요합니다.

힐로재 하면 빼놓을 수 없는 게 우물 모양의 돌 세면대입니다. 처음 보면 '이게 세면대야?' 할 정도로 낯선 비주얼인데, 막상 써 보면 그 매력에 빠져들게 됩니다. 세면을 위한 공간이지만 샴페인을 차갑게 보관하는 얼음 그릇으로도 쓸 수 있고요. 돌과 물이 만날 때 나는 물소리가 은은한 풍류를 주기도 합니다.

이 대표가 10여 년간 연구한 삼베 마감 기법도 힐로재의 독특한 미감을 만듭니다. 삼베 마감은 거친 삼베 원단을 벽면이나 가구 표면에 전면 부착한 후, 그 위에 다채로운 색채를 입혀 독특한 질감을 만드는 인테리어 기법입니다. 이 대표는 삼베 마감을 한 단계 발전시켜 삼베에 검은 먹을 입혀 조명이 부드럽게 스며드는 신비로운 분위기를 연출했습니다. 세월이 흘러도 재료 본연의 텍스처와 컬러감을 오래도록 보존하는 실용성도 삼베 마감의 매력입니다.

고객들이 모든 감각을 열어 힐로재라는 공간을 경험하길 바랐습니다.

우물 모양 돌 세면대.

수동적으로 잠시 머물다 가는 고리타분한 한옥 스테이가 아니라 힐로재에서 실제 사는 느낌을 받을 수 있도록 공간을 설계했습니다. 수동적 객체가 아니라 능동적 주체가 되어 하룻밤일지라도 힐로재의 주인이 된 경험을 하길 원했습니다. 작품을 감상하는 것이 아니라 작품 안에서 생활하며, 예술이 일상과 만나는 특별한 순간들을 경험할 때, 힐로재는 임대 공간이 아니라 예술적 라이프스타일이라는 무형의 가치를 판매하는 공간이 됩니다.

05 **고인물이 되지 말자**

호텔업 모르는 오너의 환대 기술

노스텔지어는 탈위계적인 조직 문화를 가지고 있습니다. 바로 마스터 제도와 직위나 이름 대신 컬러 코드로 서로를 부르는 호칭 문화인데요. 이런 제도를 도입한 이유는 노스텔지어의 구성원 대부분이 호텔 운영 경험이 없기 때문입니다. 말이야 바른 말이지 저도 호텔업을 모르고, 직원들도 호텔에서 일한 경험이 없는데 누가 누구를 가르칠 수 있겠어요.

현장에서 직접 고객을 만나고, 청소하고, 카페를 운영하는 직원들이 노스텔지어의 실무 전문가입니다. 매일 벌어지는 크고 작은 상황을 직접 해결하면서 쌓아 가는 노하우야말로 진짜 전문성이니까요. 마스터 시스템은 각자 맡은 업무의 전문성을 존

북촌 한옥마을 초입에 위치한 노스텔지어 원카페에서는 계절별 제철 식재료로 만든 조식을 숙박객에게 제공한다.

중합니다. 청소하는 사람은 룸 마스터고 고객을 맞이하는 사람이 웰컴 마스터가 되는 건데, 단지 호칭만 변경한 게 아니라 그 영역을 대표할 수 있는 책임과 권한을 주었습니다. 마스터 제도는 자기 분야를 담당하는 직원이 대표인 저보다 더 전문성을 갖추고 있다는 믿음에서 출발한 시스템입니다.

 룸 마스터는 단순히 청소만 하는 사람이 아니라 공간 큐레이터입니다. 계절마다 플레이리스트를 바꾸고, 어떤 향을 쓸지 결정하고, 소품을 어떻게 배치할지 기획합니다. 크리스마스 시즌에는 캐럴을, 여름에는 재즈를 선정하는 것도 룸 마스터의 몫입니다.

노스텔지어의 상징이자 북촌 한옥마을의 앵커로 자리매김한 웰컴 센터의 매니저인 웰컴 마스터는 고객과의 첫 만남을 책임집니다. 그들은 안내자를 넘어 고객의 불편 사항을 적극적으로 해결하는데요. 외국인 고객이 떡볶이를 먹고 싶어 하면 대신 주문하고, 보일러 사용법을 모르면 밤늦게라도 왓츠앱으로 사진을 찍어 설명합니다. VIP 고객이 개인정보 보호를 위해 골목길 CCTV 차단을 요청하면 그것도 해결합니다.

카페 마스터의 업무는 음료 제조에만 그치지 않습니다. 북촌 한옥마을이라는 특별한 공간에 어울리는 메뉴와 계절별 시즌 음료를 기획합니다. 카페 마스터가 담당하는 원카페는 노스텔지어 투숙객의 조식 공간입니다. 노스텔지어 독채에서 원카페로 걸어오기까지 짧게는 1분, 길게는 5분 정도가 소요되는데요. 고객들이 원카페로 이동하는 걸 번거로워하면 어떡하나 고민했는데 오히려 좋아했습니다. 아침 식사 하러 카페로 오는 길을 도로가 아니라 집과 집 사이에 난 오솔길로 받아들이며 아침 산책을 즐기고요. 북촌의 아침 풍경에 감탄하며 원카페로 입장합니다. 외국인 고객의 입맛을 고려해 조식 메뉴는 샌드위치와 그래놀라 요구르트로 구성했습니다. 한식이 아닌 서양식 아침 메뉴지만 한국에서만 맛볼 수 있는 이색적인 재료를 사용하고 있습니다. 예를 들어 국내산 취나물로 만든 페스토를 활용해 샌드위치를 만들고 대추, 현미, 보리 등의 통곡물로 만든 수제 그래놀라를 대접합니다.

브랜드 마스터는 노스텔지어의 기조와 정체성을 지키면서도 새로운 아이디어를 찾아냅니다. 노스텔지어가 만든 편집숍인 카트카트 KARTCART의 제품과 한국 작가의 작품을 어떻게 소개할지, 고객에게 어떤 스토리를 전달할지 고민하는 것도 브랜드 마스터의 역할입니다.

노스텔지어는 현장에서 해결해야 하는 문제가 많아 '먼저 대응하고, 나중에 보고하라'는 휴전선 근처 GOP General Out Post에서나 있을 법한 보고 원칙을 고수하고 있습니다. 비즈니스 회의를 위해 침실의 침대를 치워 달라는 손님도 있고, OTT 서비스를 꼭 봐야겠다며 TV 설치를 요구하는 VIP 고객도 있고, 온돌 보일러를 켠 지 5분이 지났는데 바닥이 따뜻해지지 않는다며 항의하는 외국인도 있습니다. 매뉴얼화할 수 없는 문제들은 마스터의 판단 하에 대처하고, 사후에 보고하는 것이 운영을 정상화하는 데 도움을 줍니다. 고객이 만족한 성공 사례는 표준이 되고, 실패한 경험은 교훈이 되고요.

마스터 제도는 각자의 전문성을 존중하는 수평적 시스템입니다. 저희는 서로를 이름 대신 색깔로 부릅니다. 저는 브라운이고요, 부사장은 베이지라 부릅니다. 컬러 코드의 호칭 문화를 도입한 이유는 간단합니다. 나이와 세대의 장벽을 넘어 소통의 효율을 끌어올리려는 의도입니다. 노스텔지어의 구성원 중 최고

연령과 최저 연령의 차이가 서른 살에 이릅니다. 일반 기업에서 쓰는 호칭을 사용한다면 대표님, 부장님, 대리님으로 불러야겠죠. 그러면 사원급의 직원들이 자유롭게 의견을 말하기 어려울 겁니다.

색깔로 서로를 호칭하면 거리감이 줄어듭니다. 위계적이지 않으면서도 친근하고, 뭔가 특별한 느낌도 있습니다. 새로운 직원이 입사하면 동료들은 그 사람에게 맞는 색깔을 함께 찾습니다. 당사자가 좋아하는 색깔도 좋지만 주로 그 사람의 성격이나 개성에 어울리는 색깔을 선택합니다. 퇴사한 직원의 색깔은 다시 쓸 수 있지만, 일정한 기간을 둔다는 불문율이 있습니다. 처음에는 직원들이 노스텔지어의 호칭 문화를 어색해했지만 적응하고 나니 모두 선호하더라고요. 자신만의 색깔이 생겼다는 것, 그 색깔로 불린다는 것에 애착을 느끼는 것 같습니다. 단점을 굳이 꼽자면 주야장천 색깔로 부르다 보니 본명이 생각나지 않아 이름을 불러야 하는 자리에서 가끔 당황하게 된다는 겁니다. 그것 빼고는 단점보다는 장점이 큽니다.

마스터 시스템이나 수평적 호칭 문화가 자연스럽게 만들어진 데는 한옥의 특성도 큰 영향을 미쳤습니다. 한옥은 수직적인 건물이 아닙니다. 모든 공간이 수평적으로 연결되어 있고, 서로 영향을 주고받습니다. 우리 조직도 마찬가지입니다. 룸 마스터가 만든 분위기가 웰컴 마스터의 서비스에 영향을 주고, 카페 마스터의 커피 맛이 전체 브랜드 경험을 좌우합니다. 대표라고 해서

노스텔지어의 카페 마스터는 공간과 계절에 어울리는 메뉴를 세심하게 기획한다.

모든 것을 지시하거나 컨트롤할 수 없습니다. 저는 카페를 운영해 본 적이 없고, 룸 클리닝을 해 본 적도 없고, 고객 서비스를 해 본 적도 없어서 마스터들의 의견이나 생각을 듣는 것이 매우 중요합니다. 마스터들의 의견이나 생각은 현장 경험을 통해 만들어지는 것이지 제가 지시한다고 생기는 것이 아니므로, 노스텔지어라는 조직은 상명하복의 위계가 작동하기 어렵습니다.

고객은 '놀라움'을 가장 기대한다

고객의 목소리에 귀 기울이는 것이 성공적인 브랜드를 만드는 비결일까요? 시장 조사와 소비자 리서치를 통해 완벽한 제품을 만들 수 있을까요? 여기 흥미로운 역설이 있습니다. 사람들은 자신이 무엇을 원하는지 정확히 알지 못한다는 건데요. 정확히 말하면, 어떤 방식으로든 경험하지 못한 것에 대해서는 구체적인 욕구를 표현할 수 없다는 겁니다. 스티브 잡스는 이런 맥락에서 "진짜 원하는 걸 보여 주기 전까지 사람들은 스스로가 원하는 걸 모른다"라고 말한 것이 아닐까 싶습니다.

아이폰 출시 전, 시장 조사에서 터치스크린 휴대폰을 원한다

한국말을 능숙하게 하는 외국인 웰컴 마스터가 "어서오세요" 하는 인사와 함께 노스텔지어를 찾는 고객들을 처음 응대한다.

고 답한 사람이 얼마나 될까요? 넷플릭스가 등장하기 전, 스트리밍 서비스에 대한 수요를 누가 예측했을까요? 세상을 바꾼 혁신적인 아이디어는 때때로 고객이 요구하지 않고, 상상조차 하지 못한 곳에서 나타납니다.

노스텔지어가 내부적으로 공유하는 브랜드 슬로건은 'Expect Exceptional', 즉 '놀라운 경험을 마땅히 기대하게 하라'입니다. 이 강령은 자기 욕망을 정확히 모르는 인간 심리에 뿌리를 두고 있습니다. 사실 'Expect Exceptional'은 브랜딩컴에서 인천공항의 브랜드 슬로건으로 개발했던 문장인데, 지금은 노스텔지어의 비즈니스 모델 슬로건으로 사용되고 있습니다.

이 슬로건을 구현한 노스텔지어의 결과물은 바로 웰컴 센터입니다. 한옥 호텔 안내소라고 하면 보통 한복을 입은 나이 지긋한 어르신이 "어서 오세요"라며 맞이하는 모습을 떠올리겠지만 실상은 전혀 다릅니다. 영어도 잘하고 한국말은 더 잘하는 파란 눈의 외국인 웰컴 마스터가 호텔급 프론트 데스크에서 체계적으로 응대합니다.

처음 방문한 고객의 반응은 한결같습니다. "어? 전통 한옥에서 이런 서비스가?" 바로 이 순간, 기대와 현실의 간극에서 고객은 긍정적인 놀라움을 경험합니다. 이런 반전은 앞서 소개한 슬로재에서 더욱 극적으로 펼쳐집니다. 북촌 오경 한복판, 연간 수백만 명의 관광객이 몰리는 그 소란스러운 거리 한가운데 자리한 슬로재의 대문 밖에서는 관광객들의 발소리, 대화 소리, 카메 노스텔지어 웰컴 센터.

라 셔터음이 끊이지 않습니다. 그런데 한옥 문을 열고 들어서는 순간 모든 것이 바뀝니다. 마치 다른 세계로 들어온 듯한 정적이 흐르고, 도예 클래스 공간에서는 물레 도는 소리만 울립니다. 키네틱 아트 설치물이 천천히 움직이며 개인 맞춤형 작품을 만들어 냅니다. "이런 장소가 시끄러운 거리 한복판에 있다고?" 고객들은 믿을 수 없다는 표정을 지으며 스마트폰을 꺼내 사진을 찍기 시작합니다. 이 반전의 경험을 기록하고 싶은 거지요.

노스텔지어가 고객 경험을 설계하는 묘수는 이런 놀라움을 연쇄적으로 배치한 데 있습니다. 웰컴 센터에서 시작된 반전이 개별 독채에 도착할 때까지 계속됩니다. 짐 운반용 전기차가 등장하고, 한옥 내부에 들어서면 수억 원대의 현대미술 작품들을 만날 수 있습니다. 힐로재에는 허명욱 작가의 수천만 원짜리 스툴이 휴식용 의자로 놓여 있고, 제주도 흙으로 만든 옹기 타일이 벽면을 장식합니다. 노스텔지어를 구성하는 모든 디테일은 제각각 놀라움을 선사하는데, 이런 놀라움이 하나로 연결되면 거대한 감동이 됩니다. 그 과정에서 '이 사람들은 정말 다르게 생각하는구나'라며 노스텔지어에 대한 특별한 인식이 생깁니다. 시설에 감탄하며 운영 철학에 감화될 때, 브랜드와 고객이 강한 유대감을 맺게 되는 것 같습니다.

한류 열풍으로 K드라마를 통해 한국을 알게 된 후 북촌으로 여행 오는 고객이 적지 않습니다. 드라마를 보며 '저 장소에 꼭 한번 가보고 싶다'고 열망한 고객을 위해 'K드라마 패디캡 투어'

(위)　인력거를 타고 북촌의 골목길과 감고당길, 백인제가옥, 복정우물 등 K드라마 촬영지를 둘러보는 투어 프로그램은 고객 만족도가 특히 높다.

(아래)　북촌의 좁은 골목길은 일반 차량으로는 이동하기 어렵다. 이 골목을 오르내리며 고객의 짐과 객실 청소용 비품을 운반하기 위해 특수 전기차를 주문했다.

를 마련했습니다. 〈도깨비〉의 감고당길, 〈재벌집 막내아들〉의 백인제가옥, 〈호텔 델루나〉의 복정우물까지 드라마 속 인상적인 장소를 눈앞에서 만날 수 있어 투어에 참여한 고객의 만족도가 높습니다. 인력거를 타고 편안하게 이동하며 북촌의 아름다운 골목길을 누비는 동안, 걸어서는 놓치기 쉬운 숨겨진 명소를 구석구석 살펴볼 수 있고요. 인력거 기사가 곳곳을 친절하게 안내해 줄뿐더러 각 촬영지의 배경 이야기는 물론 북촌의 역사와 문화에 관한 정보도 들려줍니다.

솔직히 말씀드리면, 이런 문화 예술 프로그램은 경제적 이익과 거리가 멉니다. 슬로재만 해도 수익성 있는 숙박 공간을 포기하고 도예 전용 교실을 만들고, 전문 장비를 구입하며 정기적으로 강사를 섭외하고, 고객이 만든 작품을 구워서 자택까지 배송하는 시스템을 구축하기까지 꽤 금액을 투자했습니다. 전담 관리 인력까지 1.5명이 추가로 필요해서 숫자로 따지면 명백한 손해지만 이런 '비합리적' 투자가 노스텔지어만의 브랜드 아이덴티티를 만듭니다. 이런 저의 신념은 마케팅 전략과도 맞아떨어집니다. 노스텔지어는 일반적인 마케팅 활동을 최소화하는 대신 탁월한 경험 자체를 마케팅 도구로 활용했습니다.

향기로운 꽃을 피우면 나비는 자연스럽게 찾아옵니다. 다행히 브랜드 가치를 만들고자 하는 제 진심이 통했는지 매종, CNN 같은 해외 매체들이 노스텔지어를 먼저 찾아 주었습니다. 일본항공JAL 기내 잡지 표지에 블루재가 크게 실린 적이 있고요. 프라다, 구찌 같은 글로벌 명품 브랜드 관계자들이 자발적으로 방문했고, 유럽의 하이엔드 부티크 플랫폼에서는 입점료까지 면제해주겠다는 파격적인 제안을 하기도 했습니다.

무엇이 브랜드를
신비롭게 만드는가: 히든재

만족감은 발견의 기쁨에서 온다

안개 핀 오솔길 끝에서 마주치는 폭포, 심해 속 조개 안에 잠든 진주알, 빼어난 가치를 가진 것은 드러나기보다 대개 숨겨져 있습니다. 그래서 히든재(Hidden齋)라는 이름을 선택했습니다. 세상에 비밀 따위는 없다는 듯이 모든 것이 쉽게 노출되고 소비되는 시대에 고객에게 발견의 기쁨을 선물하고 싶었습니다.

SNS에 올라온 힙플레이스는 금세 사람들로 붐비고, 그 특별함은 빠르게 사라집니다. 단기 유행이 반복되는 현상을 보며 저는 정반대 방향을 생각했습니다. SNS에서 화제가 되지 않아도, 찾기 어려워도, 예약이 까다로워도 상관없으니 한 번 경험한 사람은 절대 잊지 못할 공간을 만들자는 것이었습니다. 숨겨져 있어서 더 찾고 싶어지는 심리, 쉽게 얻을 수 없어서 더 가치 있게 느껴지는 장소를 구상했습니다.

브랜딩에서 가장 중요한 것은 경험의 여정입니다. 고객이 히든재를 찾아오는 그 순간부터 이미 브랜드 경험이 시작됩니다. 골목길을 걸으며 느끼는 기대감, 대문을 열었을 때의 놀라움, 공간의 세부 디테일을 발견해 가는 과정 하나하나가 히든재만의 브랜드 스토리가 됩니다.

히든재에는 일제강점기에 방공호로 사용되었던 동굴이 있습니다. 여담입니다만, 이 한옥을 계약할 당시 방공호가 있다는 것을 몰랐습니다. 거주자들의 세간살이로 동굴 입구가 막혀 있었거든요. 인테리어 공사에 들어가며 솔직히 '이걸 어떻게 써야 하나' 싶었습니다. 그냥 막아 버릴까 했지만 곰곰이 생각해 보니 동굴을 가진 한옥은 전국에서도 찾기 어려울 것 같았습니다.

인테리어를 담당한 오픈 스튜디오의 김진수 대표는 동굴을 복원하는 데 그치지 않고, 어두운 역사의 흔적이 스민 공간을 사색과 힐링의 공간으로 바꾸기로 했습니다. 사용자가 책을 읽으면 서재가 되고, 음악을 들으면 음악 감상실이 되고, 명상을 하면 자기만의 템플이 될 수 있는 공간으로 리노베이션의 초점을 맞췄습니다. 동굴은 '디스커버리 한옥'이라는 히든재의 정체성을 가장 잘 보여 주는 곳이자 오래 기억에 남는 상징이 되었습니다. 실제로 히든재를 방문한 고객들이 한옥에서 갑자기 나타난 동굴 서재를 보고 '세상에 이런 곳이 숨어 있었냐'며 대부분 놀라워합니다.

히든재는 일제강점기 때의 방공호를 품고 있다. 음악이 흐르는 서재로 꾸민 이 동굴은 바닥 열선을 설치하고 환풍 시스템을 달아 1년 내내 쾌적하다.

공간에 서사를 부여하는 장치, 디테일

거주 공간인 한옥을 상업 공간인 한옥 호텔로 전환하려면 대수선이 필요합니다. 대수선은 낡아 쓰임이 거의 다한 공간에 새로운 쓸모를 찾고 매력을 부여하는 과정입니다. 이때 늘 어려운 것은 전통과 현대 사이의 균형을 찾는 것입니다. 전통에 치우치면 불편하고, 너무 현대적으로 만들면 한옥의 매력이 사라집니다.

히든재 리노베이션 핵심 콘셉트는 여백과 절제였습니다. 김진수 대표는 다음과 같이 설명했습니다.

"디자인은 결국 정리이기 때문에 형태를 만드는 것보다 무엇을 덜어 내고, 무엇을 남길 것인가에 대한 판단이 더 중요합니다. 미니멀 개념을 빌려 한옥 고유의 장점인 차경借景을 강조하고, 프레임 속에 자연을 담아내고, 공간에 머무는 동안 시선이 바깥 풍경에 닿도록 유도해 낯설면서도 깊이 있는 경험을 설계했습니다."

히든재의 공간은 단계별로 나뉘어 있습니다. 한 번에 모든 걸 보여 주면 임팩트가 약해진다는 걸 고려한 설계였습니다. 고객이 공간을 천천히 발견할 수 있도록 동선을 짰습니다. 대문을 열면 마당이, 마당을 지나면 안채가, 안채를 지나면 별채가, 그리고 별채 너머에는 신비로운 동굴이 보이는데요. 각 공간이 독립적이면서도 유기적으로 연결되어 있습니다.

김진수 대표는 환경적 제약은 있었지만, 그 제약이 오히려 하나의 장치가 되었다고 설명합니다. "독채를 이용할 때마다 자연스럽게 마당을 지

화장실 거울에도 '히든(hidden)'의 콘셉트를 담았다. 평소에는 거울을 수납장처럼 벽에 숨겨 둔 채 창문 너머 자연을 감상하고, 필요 시에만 꺼내어 사용할 수 있게 했다.

히든재 바로 뒤편에 위치한 정독도서관의 돌외벽을 가리지 않고 통창으로 바라볼 수 있게 하여 차경으로 활용했다. 이 덕분에 한옥 안에서 자연의 빛을 더 많이 느낄 수 있으며, 숙박객들은 뜻밖의 공간을 발견하는 재미를 느낄 수 있다.

히든재라는 이름에 걸맞게 침실에 딸린 화장실 문은 칸살로 가렸으며, 천장 일부에 가림 날개를 설치하여 에어컨과 전기 배선을 숨기는 동시에 드러난 부분의 서까래에는 시선이 집중되도록 했다.

나가야 하기에, 사용자는 공간을 이동하며 한옥을 체감합니다. 이는 감각의 환기이자, 공간의 리듬을 몸으로 감각하는 의식이 됩니다."

한옥은 구조적으로 개성이 뚜렷한 건축 형태라, 자칫하면 기능적인 요소들이 공간의 인상을 해칠 수 있습니다. 이를 해결하기 위해 현대적 편의 시설의 노출을 줄여 전체 분위기에 영향을 주지 않게 했습니다. 한옥의 맹점인 단열 문제는 시스템 창호로 보완했습니다.

김진수 대표는 자연의 온도, 빛, 소리를 공간 안으로 끌어들이는 데 공을 들였습니다. 창의 개방 범위를 최대한 확보해 외부와의 단절이 아닌 연결에 초점을 맞췄습니다. "사계절의 풍경을 담는 프레임을 만들어 머무는 시점마다 히든재의 공간이 다르게 느껴지도록 설계했어요. 같은 자리에 앉아 있어도 계절에 따라 들어오는 빛의 각도, 바람의 결이 달라집니다. 이런 미세한 감각의 변화가 히든재에 머무는 경험을 더 풍성하게 만듭니다."

희소성과 브랜드 가치의 상관관계

노스텔지어를 예약하기 어렵다는 고객들의 후기를 종종 들었습니다. 지금은 일부 온라인 숙박 플랫폼에서 예약할 수 있지만, 오픈 후 2년간은 의도적으로 접근성의 문턱을 높였습니다. 디마케팅은 결과적으로는 노스텔지어라는 브랜드 가치를 만드는 데 도움이 되었다고 생각합니다. 대중의 호감을 얻기 힘든 말이라는 걸 알지만, 럭셔리의 매력은 한편으로 범접하기 어려운 문턱에서 나오는 것 같습니다. 누구나 쉽게 경험할 수 있다면 특별함은 반감됩니다.

히든재는 노스텔지어에서 가장 먼저 예약이 마감되는 독채입니다. 북촌 메인 길에서 가장 가깝다는 장점도 있지만 단지 위치 때문이 아니라 특별한 공간 경험을 고객들이 인정해 준 결과라 생각합니다. 저는 히든재를 통해 숨겨진 가치를 발견하고, 음미하며, 전통과 현대가 조화롭게 어우러지는 삶의 방식을 제안했습니다. 히든재에서의 경험이 고객들의 일상에 스며들어 그들만의 히든 밸류^{hidden value}를 찾아가는 기폭제가 되었으면 합니다.

공간 사이에 미닫이 창호를 달아 필요에 따라 프라이빗한 공간으로도 활용할 수 있다.

06 '빨리'가 아니라 '멀리' 가는 것이 성공이다

컬래버레이션을 고집하는 이유

'홀로 가면 빨리 갈 수 있지만, 함께 가면 멀리 갈 수 있다'는 아프리카 속담이 있습니다. 여럿이 함께하면 각자의 장점을 모아 더 큰 목표에 도달할 수 있다는 이 속담의 메시지는 브랜딩에도 적용할 수 있습니다. 브랜드의 독창성과 일관성은 여전히 중요하지만, 그것만으로는 시시각각 변화하는 시장에서 생존하기 어렵습니다. 시장이 복잡해지고 소비자의 요구가 다양해질수록, 혼자서는 감당하기 어려운 영역들이 늘어나고 있으니까요. 혼자서는 변화무쌍하고 비정한 시장에서 생존하기 어려운 것이 현실입니다.

브랜드는 자기만의 고유한 서사를 지닌 존재입니다. 어떤 브랜드는 수십 년간 쌓아 온 전통을 자산으로 삼고, 또 다른 브랜드는 혁신과 도전의 이미지를 무기로 삼습니다. 이들이 시장에서 경쟁하는 순간은 흔하지만, 서로 손을 잡고 협업하는 순간은 드물기에 특별합니다. 협업은 두 개의 로고를 나란히 붙여 놓는 눈속임이 아닙니다. 서로 다른 세계가 만나 충돌하고, 그 과정에서 새로운 정체성이 태어나는 창조적 사건입니다.

소비자는 하나의 브랜드가 들려주는 이야기에 익숙합니다. 그런데 두 브랜드가 교차하는 지점에서는 예상을 뛰어넘는 새로운 결과물이 생깁니다. 예를 들어 아디다스와 구찌가 만나 스니커즈를 선보였을 때, 그것은 새로운 시즌의 신발 한 켤레가 아니라 스트리트와 하이패션의 특별한 결합을 정의하는 아이콘이 됐습니다. 그 신발을 산 소비자는 두 세계관이 충돌하며 빚어낸 문화적 장면에 참여한 셈입니다.

협업의 매력은 새로운 고객층과 자연스럽게 만날 수 있다는 것입니다. 내 브랜드를 사랑하는 고객이 있고, 협업 파트너 브랜드에 충성하는 또 다른 고객층이 있습니다. 협업을 통해 두 그룹이 서로의 고객을 발견하게 되는 거지요. 새로운 시장에 진입할 때 협업은 믿을 만한 친구가 주선해 준 소개팅 역할을 합니다. 대중에게 신뢰받는 브랜드와 함께한다면, 그들이 쌓아 온 브랜드 로열티를 공유할 수 있습니다.

노스텔지어처럼 자원이 제한적인 스타트업이나 중소 브랜드에 협업은 효율적인 성장 전략입니다. 대기업처럼 막대한 마케팅 예산을 쏟아붓지 않아도 파트너의 네트워크와 브랜드 인지도를 활용해 더 넓은 무대로 나아갈 수 있습니다. 소위 시너지 효과를 기대할 수 있는 건데요. 시너지의 힘은 팬덤의 교차점에서 가장 강하게 드러납니다. 한 브랜드의 충성 고객은 협업을 계기로 다른 브랜드를 새롭게 발견하고, 반대로 다른 브랜드의 고객도 새로운 시장을 경험합니다. 두 팬덤이 교차하는 지점에서 소비자는 협업의 결과물이 매개하는 확장된 커뮤니티에 참여합니다. 협업은 그 자체로 새로운 팬덤의 장을 열어 줍니다.

소비자는 협업의 결과물을 통해 '이 조합은 어떻게 가능했을까?'라고 질문하며, 그 답을 찾는 과정에서 브랜드 세계에 몰입합니다. 몰입은 브랜드 충성도를 강화하고, 장기적으로는 소비자와 브랜드 간의 유대감을 강화합니다. 협업은 새로운 문화 공동체를 만드는 과정입니다. 이 과정에서 브랜드는 높고 넓고 깊게 성장합니다.

브랜드는 호기심을 먹고 자라난다

성공적인 협업은 브랜드 정체성을 선명하게 만듭니다. 키 큰 사람 옆에 서면 작은 사람이 더 작아 보이는 것처럼 각자의 다름이 뚜렷해집니다. 다른 브랜드와 나란히 서면서 자신의 고유한 특징이 더 두드러집니다.

협업의 실행 과정은 복잡할 수 있지만, 협업의 기본 취지는

더블재는 '컬래버레이션 한옥'으로 기획했다. 더블재를 둘러싼 적벽돌은 덕수궁 돈덕전 복원 공사에 사용한 것과 같은 것이다. 오랜 시간 장인의 손길 아래 구워진 벽돌에 더블재 공사에 참여한 브랜드 세 개와 작가 아홉 명의 혼신이라는 상징성을 담았다.

단순합니다. 각 브랜드가 잘하는 것을 합쳐서 더 큰 시장을 차지하는 겁니다. A 브랜드는 기술이 뛰어나고 B 브랜드는 디자인 감각이 좋다면, 둘이 만나 기술력과 디자인이 뛰어난 제품을 만들어 더 많은 고객에게 사랑받는 것이지요. 그러면 개별 브랜드가 쉽게 접근할 수 없었던 고객층까지 만날 기회가 생깁니다.

소비자는 지루함을 참지 않습니다. 그래서 새로운 브랜드에 관심을 둡니다. 한 브랜드에 익숙해지면 편안함을 느끼지만, 한편으로는 지루해져 흥미를 잃을 수 있습니다. 협업은 충성 소비자의 호기심을 회복하는 데 유용합니다. '두 브랜드가 만났네?'라는 호기심 어린 관심은 협업 당사자 모두에게 도움이 됩니다. 브랜드는 대중의 관심을 먹고 자라납니다.

현실적으로 브랜딩에는 돈이 들어갑니다. 마케팅 캠페인을 기획하고, 새로운 제품을 개발하고, 프로모션을 진행하는 모든 과정은 자본을 동력으로 합니다. 요즘처럼 경쟁이 치열한 환경에서는 한 번의 프로모션에도 상당한 예산이 필요합니다. 협업을 통해 이런 지출을 파트너와 나누어 부담한다면 비용을 절반으로 줄이는 것 이상의 효과가 있습니다. 같은 예산으로도 더 강력한 인상을 남기고, 혼자서는 부담이 되는 규모의 프로모션도 집행할 수 있습니다. 예를 들어, 500만 원 예산으로 소규모 광고를 하는 대신, 예산을 합쳐서 프리미엄 채널에 광고하는 거지요. 그러면 광고 단가도 내려가고, 광고 메시지의 도달 범위도 넓어집니다.

무엇보다 실패의 리스크를 나누어 가질 수 있다는 것이 협업의 강점입니다. 덕분에 심리적 위축감을 덜 받으며 과감하고 창의적인 시도를 할 수 있습니다. 신제품 출시나 새로운 마케팅 방식을 시도할 때, 혼자라면 부담스러웠을 실험도 파트너와 함께라면 한결 수월해집니다. 실패해도 손실이 절반이니까, 안전한 선택보다는 차별화된 도전을 선택할 여유가 생깁니다. 특히 한정판이나 특별 이벤트는 협업을 통해 만드는 것이 좋습니다. 두 브랜드의 팬층이 겹치면서 화제성도 높아지고, 프로모션 효과도 커집니다. 각 브랜드가 자기 채널에서 홍보해 노출량도 두 배로 오르고, 소비자도 더 특별하다는 인식을 갖게 됩니다.

좋은 협업은 일회성 이벤트로 끝나지 않습니다. 함께 일하며 쌓인 신뢰와 노하우는 장기적인 파트너십으로 발전할 수 있고, 이는 오래가는 브랜드의 든든한 자산이 됩니다. 첫 협업에서 서로의 일하는 방식을 이해했다면, 두 번째 협업은 훨씬 더 매끄럽게 진행됩니다.

성공적인 협업은 다른 브랜드와의 협업으로 이어지기도 합니다. 브랜드 생태계에서 신뢰할 만한 파트너로 인정받으면, 실제로 협업 제안이 자주 들어옵니다. 이렇게 형성된 네트워크는 브랜드의 소중한 자산입니다. 협업을 잘하는 브랜드들을 보면, 하나의 성공 사례가 연쇄 반응을 일으켜 판을 키운 경우가 많습니다. A 브랜드와 성공적으로 협업한 B 브랜드에 C, D, E 브랜드가 협업을 제안하기 시작하거든요. 그러면 B 브랜드는 다양한 옵션

더블재 담장 안쪽 벽에는 제주 화산회토를 구워 만든, 김경찬 작가의 옹기 타일을 붙였다.

중에서 자신에게 가장 유리한 조건의 브랜드를 선택할 수 있습니다.

협업 네트워크가 확장되면 시장 정보도 풍부해집니다. 각 브랜드가 가진 팬덤, 트렌드 정보, 업계 동향을 공유하면서 현 시점의 시장을 정확하게 읽을 수 있습니다. 더욱이 다른 업종의 브랜드와 협업할 때는 완전히 새로운 관점을 얻을 수 있는데요. 새로운 관점을 흡수하고 자기화하는 브랜드는 늙지 않고 젊음을 유지합니다.

브랜딩은 브랜드 혼자서 완성하는 일이 아닙니다. 아무리 좋은 제품을 만들고 멋진 로고를 디자인해도, 고객이 어떻게 받아들이느냐에 따라 브랜드의 진짜 의미가 결정됩니다. 브랜드는 고객과 함께, 파트너와 함께, 시장과 함께 만들어 가는 살아 있는 인격체에 가깝습니다.

더블재의 워터 세러피 공간.

함께 가야 멀리 간다: 더블재

시너지를 만드는 협업의 기술

더블재는 두 가지 이유에서 노스텔지어의 다른 독채와 구별됩니다. 하나는 두 개의 개별 한옥을 연결해 하나의 대형 공간으로 만들었다는 것이고요. 다른 하나는 개성 강한 세 개의 브랜드가 협업해 더블재를 만들었다는 것입니다. 더블재 프로젝트를 시작하면서 저는 노스텔지어의 새로운 성장 모델을 실험하고 싶었습니다. 그것은 협업이라는 전략적 파트너십을 기반으로 둔 수평적 확장 모델이었습니다. 새로운 성장 모델을 도입한 이유는 진화가 필요한 시점이었기 때문입니다. 노스텔지어는 그간의 운영 노하우와 브랜드 인지도를 바탕으로 더 깊이 있는 브랜드 경험을 제공해야 한다고 판단했습니다.

더블재의 공간 콘셉트를 '한국만의 독보적 미학이 큐레이션된 컬래버

승효상 건축가의 브랜드 '이로재'에서 제작한 식탁과 의자. 안쪽 부엌 벽은 옻칠 공예를 현대적으로 재해석하고 있는 유남권 작가가 제작한 옻칠 한지를 붙여 마감했다.

아궁이를 연상시키는 부엌. 윤현상재가 고른 타일과 온지음이 자문한 창호가 아름답게 어우러진다.

한옥'으로 정했습니다. 윤현상재와 온지음 집공방을 협업 파트너로 선택한 것은 브랜드 맵핑의 결과입니다. 적합한 협업 파트너를 찾기 위해 브랜드 DNA가 노스텔지어와 시너지를 낼 수 있는지를 중점적으로 분석했습니다.

윤현상재는 소재(타일)를 문화적 맥락에서 해석하는 역량이 있었고, 노스텔지어가 추구하는 공간의 문화적 가치 창출이라는 신념에 완벽하게 부합했습니다. 온지음 집공방은 한옥이라는 전통 건축을 현대적으로 재해석하는 전문성을 보유했습니다. 뛰어난 브랜드와의 협업을 통해 단순 리모델링이 아닌 문화 복원에 가까운 리노베이션을 현실화할 수 있었습니다.

고객 경험 설계와 최적화된 터치 포인트

"더블재는 북촌이라는 역사적 '장소'에서 두 개의 가옥이 하나로 합쳐진 한옥입니다. 마당과 가옥 사이의 높은 단차라는 더블재만의 특징을 부각해 '위요감圍曜感'을 나타냈습니다. 위요감은 공간에서 무언가에 둘러싸였을 때 느껴지는 아늑함을 뜻하는데요. 기존 주택의 이중 구조를 보존하면서 높은 기단을 활용해 구조적 위요감을 경험할 수 있도록 설계했습니다."

리노베이션을 주도한 윤현상재 최주연 대표가 설명한 대로 더블재는 위요감을 공간감의 중심축으로 합니다. 한국 고유의 재료와 곳곳에 배치

방석호 작가와 협업해 제작한 탁자(앞)와 다도함(뒤)이
대청마루를 모티프로 인테리어한 거실 공간의 완성도를 높인다.

된 작가들의 작품이 위요감을 형상화하는데요. 사물 본연의 순수함과 자연스러움에서 우러나는 깊이, 소박한 아름다움을 적절하게 표현해 주었습니다.

더블재 리노베이션에서 가장 신경을 쓴 부분은 공간의 내러티브입니다. 주방, 침실, 거실 등 각 공간이 독립적인 기능을 하면서도 하나의 일관된 이야기를 전달하는 데 중점을 두었습니다. 두 채의 한옥을 연결하는 복도는 전환의 다리 역할을 하는데요. 공용 공간에서 개인 공간으로 이동하는 과정에서 안락함을 느낄 수 있도록 디테일을 살렸습니다.

저는 一 자와 ㄱ 자 형태의 두 채 건물이 만나며 형성된 회랑 구조에 큰 매력을 느꼈습니다. 하지만 이 구조를 보존하는 과정은 쉽지 않았습니다. 전통이 현대의 숙박 시설로 기능하기 위한 실용적 요구사항도 포기할 수 없었고요. 모든 모듈을 계산해 공간을 효율적으로 활용하기 위해 각별히 노력했습니다.

최 대표는 더블재를 설계하면서 가장 신경 쓴 부분이 공간의 흐름이었다고 강조했습니다. 더블재에 들어서는 순간부터 나가는 순간까지, 위요감의 정서가 끊이지 않도록 세심하게 배려한 건데요. 더블재 입구와 벽돌담을 직선이 아니라 곡선으로 만든 것도 심리적 안정감을 주기 위해서였습니다.

더블재에 아홉 명의 작가가 참여해 공간의 완성도를 높였습니다. 작가들이 가진 고유한 세계관이 한옥에 녹아들어 자연스럽게 어우러질 때, 방문객이 깊이 있는 경험을 할 수 있다고 생각했습니다. 현재 전시, 음악회, 다회 등 문화 모임을 열면서 이곳을 찾는 사람들이 한국 전통의 진가

고소미 작가가 제작한 더블재의 꽃무늬 창호지.

를 체험할 기회를 만들고 있습니다. 이런 활동은 수익을 목적으로 한 것이 아닙니다. 더블재라는 공간이 가진 가치를 제대로 보여 주고, 한국 문화에 관심 있는 사람들이 모일 장을 만들려는 의도였습니다. 앞으로 한국의 맛을 알려 줄 요리사, 우리 음악의 아름다움을 들려줄 음악가, 한국 문학의 깊이를 나눌 수 있는 작가와도 협업할 기회가 있기 바랍니다.

3장

디깅

먼저 사랑하라 그러면 사랑받는다,
브랜드 세계관 확장의 기술

DIGGING

01 **제품이 아니라
브랜드를 파는 F&B**

**프리미엄 막걸리를 만든 이유는
많이 팔기 위해서가 아니다**

노스텔지어를 찾아 주는 손님들은 주로 해외에서 온 여행객들입니다. 여행 목적은 각각 다르겠지만 그 지역 고유의 맛있는 음식과 술을 체험하고 싶은 마음만큼은 모두 같아서일까요. 손님들이 자주 물어보는 질문에는 어느 정도 패턴이 있습니다. '진짜 한국 음식이라고 할 수 있는 건 뭘까요, 북촌에서 꼭 가 봐야 할 맛집이 있나요, 가족과 친구들에게 선물할 북촌 특산물이 뭐가 있을까요' 등등 주로 먹고 마시며 즐기는 일에 관한 궁금증이 큰 비중을 차지합니다.

그 가운데서도 북촌만의 전통주에 대한 관심이 특히 높습니다. 서양 식문화에서 술은 빠질 수 없는 식탁의 주인공이기도 하고, 노스텔지어를 파티나 각종 모임 공간으로 이용하는 사람도 있으며, 북촌 여행의 기념품으로 이 지역 대표 술을 구매해 가려는 사람도 많습니다. 한국의 대표적인 전통주 하면 막걸리고 한국인들이 즐겨 찾는 술은 소주인데, 북촌만의 고유한 정체성을 담은 막걸리와 소주가 없다는 점이 항상 아쉬웠습니다. 시장에 출시된 주류 상품도 좋지만, 관광객들은 마트에서 손쉽게 살 수 있는 일반적인 제품보다 한국, 나아가 북촌에서만 맛볼 수 있는 고유한 술을 원했습니다. 이런 실제 고객의 요구가 북촌막걸리와 북촌소주 개발의 시작점이 되었습니다.

그렇게 북촌의 품격 있는 분위기와 조화를 이루는 프리미엄 막걸리를 개발했습니다. 북촌막걸리는 일반적인 막걸리보다 높은 알코올 도수인 8도를 자랑하지만, 입안에 머무르는 은은한 향미와 목 넘김의 질감이 뛰어나 만찬이나 공식 행사에서 건배주로 내놓아도 손색이 없습니다. 500년이라는 긴 세월 동안 전승되어 온 전통 누룩 발효 기법을 터득한 명장이 숙련된 손길로 오랜 경험을 녹여 만든 귀한 술이 북촌막걸리입니다.

저는 막걸리라는 천년 전통주를 현대적 미학으로 재탄생시켜 새로운 음주 문화를 제안하고 싶습니다. 부어라 마셔라 하는 폭음 문화의 아이콘이 아니라, 우아한 자리에서 격식 있게 마시는 술로 북촌막걸리를 포지셔닝해 품격의 아이콘으로 만들고자 했습니다. 다행히 북촌막걸리의 패키지를 보고 '눈으로 마시는 막

북촌막걸리의 성공 이후, 기내 반입이 가능하고 보관도 용이한 한국 주류를 판매하고자 북촌소주를 기획했다.

걸리'라 칭찬해 준 고객도 있었습니다. 첫눈에 강한 인상을 남기고, 입에 머금는 찰나에 막걸리에 대한 고정관념이 사라지는 놀라운 경험을 선사하고자 했습니다. 북촌막걸리는 외국인뿐 아니라 국내 여성 고객에게도 좋은 반응을 얻고 있습니다.

휴대성 좋은,
K기념품을 만들다

2024년 봄, 세상에 첫선을 보인 북촌막걸리는 높은 성장세를 이어 가고 있습니다. 2025년 봄에는 북촌로 대로변에 북촌브루어리 매장을 오픈하고, 유통망도 꾸준히 확대 중입니다. 서울 주요 고급 음식점과 파인다이닝 레스토랑에서 북촌막걸리를 만날 수 있기를 기대하고 있습니다. 해외 진출도 본격화되어 홍콩, 일본 등 주요 아시아 시장을 중심으로 현지 파트너십을 구축 중인데요. 각 지역의 음식 문화와 조화를 이루는 방향으로 접근해 현지 적응도를 높이고 있습니다. 이 과정에서도 북촌막걸리의 엄격한 품질 기준을 흔들림 없이 지키고 있습니다.

북촌막걸리가 시장에서 인정받기 시작하면서 새로운 과제가 드러났습니다. 바로 휴대성과 실용성의 문제였습니다. 750밀리리터 용량은 해외 관광객이 휴대하기에 부담스러웠고, 냉장 보관 필수라는 조건이 구매를 망설이게 만드는 요인이 되었습니다. 특히 생막걸리 특유의 짧은 유통 기한은 긴 여행 일정을 가진 고객이 감당하기 어려운 허들이었습니다. 고국에 돌아가서 가족, 친구들과 이 특별한 맛을 공유하고 싶어도 현실적으로 불가능했습니다.

이런 문제를 해결할 방법을 고민하다 소주에 주목했습니다. 소주는 유통 기한 걱정 없이 보관할 수 있어 편리합니다. 소용량으로 제작하면 수화물 제약도 크지 않아 북촌만의 품격을 담은 K주류 카테고리를 개척할 수 있겠다는 확신이 들었습니다.

현재 유통되는 희석식 소주와 달리, 전통 소주는 조선 전기에 의료용으로 활용될 만큼 귀중한 증류주였는데요. 《경국대전》에 소주가 '의약 목적 외 음용 금지'라고 기록될 정도입니다. 소주의 헤리티지를 현대적인 기술로 복원하겠다는 야심 찬 목표를 세우고 개발에 뛰어들었습니다. 겉모습만 번지르르한 가짜 프리미엄을 만들 의도는 없었습니다. 그런데 증류주 시장을 조사하던 중 그리 반갑지 않은 현실을 마주했습니다. 프리미엄 소주라면 당연히 국내산 최고급 원료와 토착 기술로 만들어질 거로 생각했는데, 고급 증류식 소주 대부분에 일본산 효모를 사용하더라고요. 발효 과정이 안정적이고 제조 비용을 절약할 수 있는 게 이유인 것 같았습니다.

북촌소주는 기존 프리미엄 소주와 원재료부터 철저하게 차별화되는 전략을 세웠습니다. 먼저 100퍼센트 국산 효모를 고집하고, 도정 후 일주일을 넘기지 않은 신선한 국산 햅쌀만을 사용했습니다. 제조 공정에서는 한국 고유의 소주 제조법인 고온 전통 상압 증류를 고집했고, 두 번의 증류를 통해 쌀이 품고 있는 풍부한 산미와 단맛, 깊은 감칠맛의 조화를 극대화했습니다. 완성된 증류액은 전통 옹기 항아리에서 8주간 천천히 숙성되는데, 알코올 특유의 거친 자극이 이때 다듬어집니다. 북촌을 방문하는 여행객의 편의를 고려해 250밀리리터의 아담한 병을 선택했습니다. 이 크기는 휴대성과 보관 편의성을 모두 만족시키며, 선물로 주고받기에도 부담이 없습니다.

북촌소주 유리병의 우아한 곡선은 고려 후기 분청사기의 소박한 아름다움과 조선백자의 절제된 품격을 닮아 있습니다. 한국 도예사에서 가장 세련된 미의식을 보여 준 두 시대의 정수를 현대적 감각으로 구현해 병 자체가 하나의 오브제로 감상할 만한 가치를 갖습니다. 패키지는 대나무 생분해 펄프로 만든 친환경 소재로 제작했고, 전통 한지의 섬세한 결을 모티프로 포장해 표면을 가공 처리했습니다.

02 라이프스타일 비즈니스란 무엇인가

**마스크팩 사 가는 관광객 때문에
시작한 사업**

미술관에서 작품을 마주하는 것과 일상에서 예술품과 함께 살아가는 것은 근본적으로 다른 성격을 갖습니다. 전자가 찰나의 강렬한 인상을 남긴다면, 후자는 시간이 흐를수록 깊어지는 유대를 형성합니다. 바로 이 지점에서 카트카트의 비즈니스 모델이 출발합니다. 카트카트는 노스텔지어의 라이프 크래프트 브랜드로, 국내 아티스트들과 노스텔지어의 컬래버레이션을 통해 탄생한 작품들을 전시하고 판매하는 갤러리이자 실제 구매가 가능한 리테일숍이기도 합니다. 카트카트에서 선보이는 모든 제품은 노스텔지어 객실에 비치되어 투숙객이 직접 사용할 수 있습니다.

카트카트를 시작하게 된 계기는 북촌 한옥마을을 대표할 만한 감각적인 기념품숍이나 편집숍이 없어서였습니다. 저는 북촌 한옥마을에 몰려오는 외국인 관광객이 구매할 만한 품격 있는 기념품이 전무한 현실이 안타깝고 답답했습니다. 몇몇 기념품점에는 페이셜 마스크, 캐릭터 양말, 부채 같은 정체불명의 중국산 제품이 가득했고. 한국의 대표 관광 명소에서 조잡한 상품들을 내놓고 파는 것이 아쉬웠습니다. 그래서 한국 아티스트의 창작물을 바탕으로 제대로 된 예술 상품을 만들어 보자고 결심했습니다. 한국 작가의 수준 높은 작품을 카트에 담듯이 일상에서 쉽게 제품으로 만나 본다는 의미를 가진 'K-Art Cart(카트카트)'라는 이름도 이런 문제의식에서 파생된 결과물입니다.

카트카트는 기성 제품을 위탁 판매하는 일반적인 편집숍이 아니라, 기획 에이전시로서 노스텔지어의 역량을 테스트하는 공간입니다. 카트카트에서는 노스텔지어가 발굴한 작가와 북촌에 걸맞는 상품을 공동 개발해 전시하고 판매합니다. 예를 들어 저희가 패브릭 스티치 작업을 전문으로 하는 정소혜 작가에게 "이 특별한 기법을 접시에 활용해 보면 어떨까요?"라고 제안합니다. 작가는 머그잔이나 에스프레소 잔 같은 식기류는 다루지 않았는데, 노스텔지어와의 협업을 계기로 새로운 영역에서 상품을 만듭니다. 이렇게 작가와 독점 파트너십을 구축해서 카트카트에서만 만날 수 있는 오리지널 상품을 만들고 있습니다.

카트카트 매장.

카트카트의 상품은 품절이 잘 되는 편입니다. 이런 판매 성과는 카트카트가 추구하는 방향성이 맞다는 것을 증명해 주는 것 같습니다. 북촌 한옥마을을 찾은 외국인 관광객이 정소혜 작가의 작품에 매료되어 대량 구매한 적이 있고요. 이예원 작가도 외국인 방문객들의 사랑을 받고 있는데, 전통 청자에 은칠 기법을 더해 만든 촛대나 화분이 유독 큰 인기를 끌었습니다. 특히 카트카트에서 진행한 슬로재 기획전은 카트카트가 추구하는 '공간과 제품의 조화'라는 신념이 실제 현장에서 유의미하다는 것을 확인해 준 소중한 이벤트였습니다. 카트카트는 한국 문화의 멋과 깊이를 몸소 느낄 수 있는 문화 체험 공간으로 기능하고 있습니다.

뉴욕에서 공예품을 파는 호텔이라니?

카트카트 제품이 해외 시장에서도 경쟁력이 있을지 궁금했습니다. 궁금한 건 못 참는 성격인지라 2023년 뉴욕에서 소규모 테스트를 진행하기로 했습니다. 처음엔 맨해튼에 팝업스토어를 오픈하려 했지만, 마케팅 비용과 운영 경비를 따져 보니 부담이 너무 클 것 같았습니다. 기존 매장에 제품을 입점시키는 방향으로 전략을 수정했습니다.

마침 딸아이가 뉴욕에서 유학 중이라 현지 조사를 맡겼습니다. 카트카트 제품 콘셉트에 어울리는 디자인 편집숍을 찾아 달라고 했더니 다섯 군데를 추천해 주었습니다. 그중에서 브루클

카트카트에서만 판매하는 한국 전통 공예품.

린에 있는 모구테이블이 최적의 장소였습니다. 대만 출신 여성 사장이 운영하는 곳이었는데, 한국인 남자친구와 사이가 좋아서인지 한국이라는 나라에 호감도가 높고, 한국 제품에 대한 이해도 상당했습니다.

저는 매장 측의 부담을 최소화하는 판매 조건을 제안했습니다. 카트카트 제품을 우선 진열해 두고, 실제 판매가 이뤄진 후에 정산하자고 했지요. 매장에서는 손해 볼 것이 없는 조건이라 사장도 흔쾌히 수락했습니다. 판매 결과는 예상을 뛰어넘었습니다. 2주 만에 정소혜 작가의 작품이 거의 팔렸고, 3개월이 채 되기 전에 완판되었습니다. 제가 제안한 도매가에서 매장이 두 배 이상의 마진을 올렸음에도 이런 판매 속도를 보인다는 건 충분한 시장 잠재력이 있다는 신호였습니다. 저는 작은 실험을 통해 글로벌 확장에 대한 자신감을 얻었습니다. 한국 작가의 창작물이 해외 소비자에게도 매력적으로 다가갈 수 있다는 사실을 확인해 뿌듯했습니다.

사실 카트카트를 시작할 때부터 비즈니스적으로 상당히 큰 그림을 그렸습니다. 거창하게 들릴 수도 있지만, 하이브 엔터테인먼트를 벤치마킹한 한국 문화 콘텐츠 기획사를 목표로 했습니다. 하이브가 빅히트라는 작은 회사에서 시작해 음악, 플랫폼, 굿즈를 아우르는 종합 엔터테인먼트 기업으로 성장한 것처럼, 카트카트도 공예라는 출발점에서 회화, 패션, 공연 등으로 영역을 넓혀 가며 한국의 뛰어난 아티스트들을 체계적으로 발굴하고 지원하는 플랫폼으로 성장하고 싶습니다.

큰 그림이 허황한 상상으로 끝나지 않도록 해외 진출 계획도 구체적으로 세우고 있습니다. 이탈리아의 알레시라는 브랜드를 롤모델 중 하나로 삼고 있는데요. 알레시는 전 세계적으로 사랑받는 생활용품 브랜드로, 유명 디자이너들과 협업해서 실용성과 예술성을 겸비한 제품을 만들고 있습니다. 이처럼 한국 작가의 작품을 토대로 한 라이프스타일 브랜드를 구축해서 뉴욕, 파리, 밀라노 같은 글로벌 문화 허브 도시에 카트카트 직영 매장을 오픈할 계획입니다. 현지 문화와 조화를 이루면서도 한국적 정서를 담은 공간을 만들어 가는 게 목표입니다.

호텔 객실에서 전시회를 여는 이유

저는 그림을 좋아하고, 그림을 수집하는 것도 즐깁니다. 마니아적인 성향도 있어서 예술 애호가이자 컬렉터의 정체성이 비주류 분야에서 빛을 발할 때도 있습니다. 일례로 30대 중반에 북한 미술에 깊이 빠져들어서 한국 전쟁 이전 북한에서 활동했던 작가나 전쟁 중 월북한 작가의 그림, 분단 이후 만수대창작사에서 작업하는 화가의 작품을 열심히 모았습니다 (뉴욕 메트로폴리탄 미술관에서 큐레이션하는 한국인 도슨트의 적극적인 활동으로 요즘 북한 미술에 관심이 높다고 하니, 나름의 안목이 있었던 듯합니다).

하나에 꽂히면 질릴 때까지 파고드는 성향이라 작은 갤러리를 운영한 적도 있습니다. 한국의 젊은 작가에 대한 애정이 있어 주로 젊은 작가를 위한 기획전을 열었고, 아트테크로 수익을 올리기도 했습니다. 작가 선정 기준이 뭐냐고 궁금해하는 지인들이 꽤 있었고, 아트테크를 주제로 하는 강연을 요청한 플랫폼도 적지 않았습니다. 혹시 궁금해할 독자를 위해 말씀드리면, 저는 네 가지 기준을 정해 두고 작가를 선정했습니다.

먼저 유명 갤러리의 전속 작가인지 확인했습니다. 일반적으로 시장에서 영향력이 큰 유명 갤러리는 전속 작가 시스템을 운영하는데요. 전속 작가가 되면 작업실을 지원하고 정기 전시회를 열어 해당 작가를 체계적으로 홍보합니다. 유명 갤러리는 오랜 운영 경험으로 탄탄한 고객층을 보유해 판매가 원활합니다. 갤러리의 후원을 받는 작가가 그렇지 않은 작가보다 시장에서 관심과 주목을 받을 수밖에 없는 구조가 이미 만들어진 거지요.

다음으로 미술관이나 갤러리가 운영하는 레지던시에 소속된 작가인지 살펴봤습니다. 대형 미술관이나 갤러리, 공공기관, 지방 자치 단체가 작가에게 작업 공간을 지원하는 프로그램을 레지던시라고 합니다. 아티스트가 각자의 작업실에서 일하며 교류하고, 일 년에 한두 차례 오픈하우스를 개최해 작품을 판매합니다. 저는 레지던시에 참여한 작가들은 시장에서 일차 검증을 받은 작가 그룹이라고 판단했습니다.

또한 아트페어에 지속해서 참여하는 작가를 주의 깊게 관찰했습니다. 화랑미술제, 키아프 서울$^{Kiaf\ SEOUL}$ 등 국내 아트페어에서 소개되는 작가들은 주요 갤러리들이 해당 연도에 스타성, 화제성, 시장성이 높다고 자체적으로 검증한 작가군입니다.

마지막으로 케이옥션, 서울옥션 같은 미술품 경매에서 작품이 소개되거나 판매된 기록이 있는지 확인했습니다. 한국의 양대 미술 옥션에서는 김환기, 김수근 같은 거장의 작품뿐만 아니라 신진 작가의 작품도 별도로 다루고 있습니다. 옥션에 자주 등장하는 젊은 작가는 팬층이 생겨나고 있거나, 특정 컬렉터 또는 특정 갤러리의 관심을 받고 있다는 신호기 때문에 주의 깊게 살펴볼 필요가 있습니다.

나름의 원칙을 가지고 수집했던 그림들은 지금 블루재, 누크재에 걸려 고객을 만나고 있습니다. 그림에 대한 저의 애정은 시간이 흐르면서 조각, 공예, 서예, 미디어아트 등 다양한 분야로 확장되었습니다. 노스텔지어를 시작한 이후로 전통 가구에 관심이 부쩍 높아져서 블루재에서 〈한국 고가구전〉을 개최하기도 했습니다.

〈한국 고가구전〉은 우연한 계기로 시작된 행사였습니다. 한옥 인테리어용 고가구를 찾던 중 중고시장에서 고가구를 판매하는 유전조 선생님과 연이 닿았습니다. 선생님 댁을 방문했는데 용인 70평 아파트 전체가 온통 고가구로 가득 차 있었고, 대전 창고에는 그 세 배나 되는 물량이 더 있다고 하셨습니다. 고가구 박물관을 세우는 것이 평생 꿈이었지만, 공간과 자금이 부족하고 생활비를 충당하느라 하나씩 처분 중이라는 말씀도 하셨고요.

<한국 고가구전> 포스터. 정약용이 사용한(추정) 포스터 속 반닫이와 함께 00점의 한국 고가구를 브루재에서 전시했다.

무수한 고가구 중에서 다산 정약용이 제작한 것으로 추정되는 반닫이가 제 눈에 띄었습니다. 1822년 정약용이 편찬한 형법서 《흠흠신서》에 나오는 저울 문양이 금속 징으로 정교하게 새겨져 있고, 쥐가 갉아 먹은 흔적이 선명하게 남아 있어 아마도 곳간에서 사용하던 반닫이 같았습니다. 강화 반닫이도 매우 인상적이었습니다. 강화도 소나무로 만들어져 해풍에 강한 강화 반닫이는 '반닫이계의 에르메스'라고 불리는데, 왕실에 진상된 최고급 가구였습니다.

　〈한국 고가구전〉은 최종적으로 아름다운 고가구를 통해 전통의 가치를 환기하고, 그 가치를 널리 소개하고자 하는 목적으로 기획되었습니다. 한국의 프리미엄 코스메틱 브랜드 설화수와의 협업으로 진행했는데요. 여러 인플루언서들을 초대해서 화제를 모았고 제법 판매도 되어 수익 일부를 북촌 동사무소에 기부했습니다.

0 3

가회동도
포르투가 될 수 있을까

헤리티지, 뉴 헤리티지

북촌은 600년 전 조선 시대 양반들의 거주지로 알려져 있습니다. 그런데 이 설명은 북촌에 대한 반쪽짜리 정보입니다. 조선 후기로 접어들면서 북촌은 권력층 주택가를 넘어 지성인들의 만남의 장으로 진화했습니다. 과거 급제를 꿈꾸는 선비와 개화기 언론계를 이끈 지식인, 새로운 교육 이념을 탐구한 계몽가가 북촌의 골목길을 채웠습니다. 일제강점기에 이르러서는 예술인과 항일 투사가 북촌으로 모여들었고, 북촌은 문화적 도전과 정신적 항거의 중심지로 자리매김했습니다.

이런 문화 터전에 위기가 찾아왔습니다. 일제는 북촌을 식민 통치의 거점으로 재편하려 했습니다. 일본식 건물들을 대량 유입시켜 '조선의 풍경'을 말살하려는 계획이었고, 가회동 31번지 일대가 그 핵심 무대였습니다. 만일 일본의 시도가 성공했다면 북촌은 조선인의 삶과 문화가 숨 쉬는 공간으로서의 정체성을 완전히 상실했을 것입니다.

이때 등장한 사람이 정세권입니다. 그는 흔히 부동산 개발업자로 불리지만, 그의 행보는 디벨로퍼 그 이상의 의미를 갖습니다. 그는 평범한 주택 건설 사업자가 아니라 일본식 주거 문화의 침투를 저지하고 조선인 고유의 주거 철학을 현대에 맞게 계승한 문화 저항자였습니다. 정세권은 식민지 시대에 전통 한옥을 지키는 방편으로 현대적 편리성을 더한 개량 한옥을 제안했습니다. 전통 한옥의 미학과 실용성은 보존하되 근대적 편의 시설을 접목한 개량 한옥의 가치를 알아본 것이죠.

정세권이 가회동 31번지를 택한 것은 우연이 아니라고 생각합니다. 가회동 31번지는 북촌의 심장부이면서 지식인과 예술가가 교류하던 문화의 거점이었습니다. 그 땅에 한옥 단지를 대규모로 조성하는 것은 일반적인 부동산 개발과는 차원이 달랐습니다. 그것은 조선인의 주거 문화를 수호하겠다는 강력한 의지의 표명이었습니다. 정세권이 주도한 한옥 단지 개발로 가회동 31번지는 일본식 주택가로 전락하지 않았고, 지금 우리가 마주하는 북촌 한옥마을의 정취와 역사적 연속성이 보존될 수 있었습니다.

브랜드를 논할 때 저는 유산^{heritage}이 어떻게 현재의 가치로 연결되는지에 주목합니다. 전통이 박물관 진열장 안에만 갇혀 있다면 그것은 과거의 유물일 뿐입니다. 그러나 그 가치가 현재의 언어로 재해석되고 사람들의 일상에 녹아내릴 때, 비로소 생명력을 갖습니다. 한옥 호텔 노스텔지어를 기획하면서 제가 천착했던 부분이 바로 이것입니다. 전통의 본질을 훼손하지 않으면서도 오늘날의 맥락에서 재창조하고 확장하는 시도, 저는 이를 뉴 헤리티지 new heritage라고 명명합니다.

북촌의 역사가 보여 주듯, 뉴 헤리티지는 공허한 수사학적 표현이 아닙니다. 북촌은 변혁을 갈망하던 지식인들이 집결해 새로운 사상과 문물을 수용하고 국가의 미래를 토론하던 무대였습니다. 저는 그 정신을 계승하고자 합니다. 과거의 유산을 경외하되, 그것을 동시대의 감성으로 체험할 수 있도록 연결하는 일을 지치지 않고 이어 가고자 합니다.

노스텔지어는 잠자리를 제공하는 숙소를 넘어 상업 활동, 문화적 체험이 유기적으로 결합한 종합 플랫폼입니다. 노스텔지어의 서비스 영역을 오브제, 제품, 콘텐츠 제작까지 확장하며 노스텔지어에 머무는 동안 가장 한국적인 미감을 경험하게 하고 싶습니다. 한옥에 어울리는 휴지갑을 구하기 어려워 직접 제작에 나선 것도 그런 맥락입니다. 생활 용품 하나에도 전통적 감각이 스며들 때, 노스텔지어가 추구하는 뉴 헤리티지가 실현되는 것이라고 생각합니다.

저에게 브랜딩은 상품을 홍보하는 수단이 아닙니다. 브랜딩은 내러티브를 창조하고, 사람들의 인식을 전환하며, 공간과 문화에 대한 새로운 시각을 열어 주는 창조적 작업입니다. 뉴 헤리티지는 노스텔지어의 근본 철학이자, 브랜딩 전문가로서 제가 제안하는 미래 비전입니다. 과거의 가치를 온전히 품으면서도 현재의 언어로 재창조하고, 미래 세대에게 물려 줄 새로운 유산으로 발전시키는 것. 이것이야말로 전통이 역동적으로 생존하는 방식이며, 브랜드가 시대의 변화와 함께 성장하는 바람직한 경로입니다. 뉴 헤리티지를 통해 한국의 전통은 박제된 과거가 아니라, 끊임없이 발굴되고 확장되며 새로운 서사를 써 나가는 살아 있는 문화로 자리매김할 것입니다.

우리가 도시 브랜딩에 투자하는 이유

요즘 지역마다 자기만의 색깔을 찾으려는 움직임이 활발합니다. 그래서인지 각종 매체에서 도시 브랜딩과 로컬 브랜딩이라는 용어가 자주 등장하는데, 많은 사람이 이 두 가지를 같은 의미로 받아들이고 있습니다. 그런데 자세히 들여다보면 이 둘은 꽤 다른 성격을 가지고 있습니다.

도시 브랜딩은 도시 전반의 아이덴티티를 하나로 묶어서 외부에 홍보하는 작업입니다. 민간이 아닌 공기관이 중심이 되어 외부 자본 유입과 관광객 확대를 목표로 도시 브랜딩을 하는데요. 흡사 대기업의 브랜드 전략 수립과 유사한 방식입니다. 통합성, 공식성, 대외 지향성이 도시 브랜딩의 특징입니다. 반면 로컬 브랜딩은 특정 동네나 지역의 독특한 매력을 발굴해서 키우는 활동입니다. 지역 주민과 소상공인이 주축이 되어 우리 동네만의 특별함을 만듭니다. 특수성, 참여성, 내부 지향성이 특징입니다.

도시 브랜딩과 로컬 브랜딩의 전략적 차이는 명확합니다. 규모 면에서 도시 브랜딩은 전체 도시를 대상으로 거시적으로 접근하고, 로컬 브랜딩은 특정 지역에 집중해 미시적으로 접근합니다. 추진 방식도 도시 브랜딩은 위에서 아래로 내려오는 톱다운 top-down 방식인 반면, 로컬 브랜딩은 아래에서 위로 올라가는 바톰업 bottom-up 방식을 취합니다.

도시 브랜딩은 대규모 투자 유치와 도시 인지도 향상을 목적으로 하며, 관광객 수나 투자 규모로 성과를 측정합니다. 로컬 브랜딩은 지역 경제 활성화와 커뮤니티 강화를 목표로 삼고, 방문객 증가나 주민 만족도로 평가합니다. 커뮤니케이션 방식에서도 두 브랜딩은 차이가 납니다. 도시 브랜딩은 대중매체를 활용한 공식적인 홍보가 중심이고, 로컬 브랜딩은 SNS와 입소문을 통한 친근한 소통이 주된 홍보 방식입니다. 브랜드가 만들어지는 과정도 정반대입니다. 도시 브랜딩은 체계적인 계획 수립 후 완성된 브랜드를 시민에게 전달하는 방식이고, 로컬 브랜딩은 지역 자원을 발굴하면서 주민 참여를 통해 자연스럽게 브랜드가 형성됩니다.

대표적인 해외 사례를 보면 차이가 더욱 명확해집니다. 도시 브랜딩의 성공 사례로는 포르투갈 포르투가 있습니다. 시가 주도하여 시민 설문조사를 통해 22개의 도시 상징을 발굴하고, 이를 전통 파란색 타일(아줄레주) 패턴으로 디자인해 통합 브랜드로 만들었습니다. 포르투의 슬로건은 없고 단순히 도시명에 마침표(Porto.)만 찍었지만, 22개 아이콘을 자유롭게 조합할 수 있는 시각 아이덴티티로 도시 전체의 이미지를 구축했습니다. 로컬 브랜딩의 대표 사례로 런던 동부의 쇼디치를 꼽고 싶습니다. 예술가들과 지역 주민들이 자발적 참여해 낙후된 창고가 늘어선 지역을 힙한 문화 지구로 변모시켰습니다.

도시 브랜딩과 로컬 브랜딩은 경쟁 관계가 아니라 상호 보완적인 관계에 있습니다. 도시 브랜딩이 큰 방향성을 제시하면, 로컬 브랜딩이 구체적인 내용을 채워 넣는 식으로요. 이 둘이 조화를 이룰 때 가장 강력한 시너지를 냅니다. 도시 인지도가 낮거나 대규모 투자 유치가 필요할 때는 도시 브랜딩이 적합하고, 지역만의 독특한 자원이 있거나 주민 참여 의지가 높을 때는 로컬 브랜딩이 효과적입니다.

일반적으로 도시는 '다양한 사람들이 모여 경제적·문화적 교류를 통해 새로운 가치를 창출하는 공간'으로 이해됩니다. 이런 관점에서 북촌은 포르투나 뉴욕처럼 고유한 정체성으로 세계인을 끌어모으는 글로벌 문화 도시로 볼 수 있습니다. 포르투가 항구 문화로, 뉴욕이 금융과 예술로 도시 정체성을 구축했다면, 북촌은 전통과 현대의 조화라는 콘셉트로 자신만의 도시 브랜드를 만들어 가며 한류 문화의 성지가 되고 있습니다.

포르투갈의 도시 브랜딩 프로젝트 '포르투' ©White studio

전 세계 어디를 가든 인상 깊은 도시는 그 지역만의 역사와 문화를 독창적인 브랜드로 풀어냅니다. 보스턴이 마라톤으로, 뮌헨이 옥토버페스트로, 에든버러가 프린지 페스티벌로 자신을 표현하는 것처럼요. 이들은 도시 고유의 정체성을 생생하게 드러내는 도시의 상징이 되어 전 세계인의 마음속에 그 도시를 각인시키고 발길을 이끄는 매력적인 자산으로 자리 잡았습니다.

그렇다면 우리는 어떨까요? 한국에도 세계인들이 기억하고 찾아오는 도시 브랜드가 있을까요? 이런 질문에서 시작된 것이 바로 '북촌1777' 프로젝트입니다. 북촌1777은 노스텔지어가 주도한 도시 브랜딩 프로젝트로, 민간의 관점에서 도시의 숨겨진 가치를 발굴하고 세계에 알리는 것을 목적했습니다. 1777년이라는 숫자는 북촌이라는 지명이 조선왕조실록에 처음 등장한 역사적 순간을 뜻합니다.

북촌은 수백 년의 역사가 층층이 쌓인 풍부한 헤리티지를 보유하고 있지만, 그 깊이 있는 이야기가 대중에게 알려지지 않았다는 점이 안타까웠습니다. 관 주도의 획일적인 도시 개발이나 홍보와는 다른 방식으로, 민간의 창의적 접근을 통해 북촌만의 고유한 정체성을 재발견하고 전 세계에 소개하고 싶었습니다.

북촌1777의 상징으로 선택한 것은 고요한 위엄을 품고 앉아 있는 호랑이였습니다. 호랑이는 한국의 전통 문화에서 수호신으로 여겨졌고, 조선 시대 궁궐과 양반 거주지를 상징했습니다. 북촌의 역사적 위상, 즉 왕족과 고관대작들이 거주했던 품격 있는

많은 사람이 모이는 행복작당 페스티벌 기간 동안 북촌1777의 심벌이 가회동 곳곳에 걸렸다.

동네를 현대적으로 재해석해 호랑이 아이콘을 만들었습니다. 매년 가을 북촌에서 열리는 행복작당 페스티벌을 전략적 거점으로 삼아, 북촌1777의 메시지를 담은 현수막과 포스터를 북촌 일대에 배치해 목표한 도시 브랜딩의 성과를 거두었습니다.

도시 브랜딩 전략의 일환으로, 호랑이 심벌을 활용해 티셔츠와 노트 등 일상 용품을 특별히 제작해 판매했습니다. 누군가 북촌1777 티셔츠를 입고 다닌다면, 그 자체로 브랜드 스토리가 확산되는 효과를 낳습니다. 화려하지 않지만 의미로 가득 찬 노스텔지어의 도시 브랜딩은 북촌을 단순한 관광지가 아닌 고유한 정체성과 이야기를 가진 문화적 목적지로 재탄생시키는 중요한 시작점이 될 것입니다.

북촌1777은 단발성 이벤트나 일회적인 브랜드 캠페인이 아

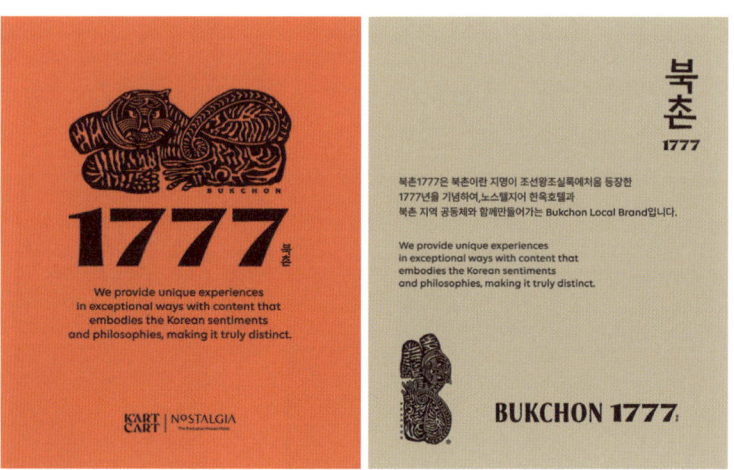

북촌1777 아이덴티티 디자인.

닙니다. 한국의 도시들이 어떻게 자신만의 고유한 문화적 정체성을 발굴하고, 그것을 현대적 맥락에서 재해석할 수 있는지 보여 주는 선구적 사례로 만들고 싶습니다. 노스텔지어가 그리는 큰 비전은 북촌이라는 역사적 공간에 지속 가능한 문화 생태계를 만들어 가는 것입니다. 수백 년 묵은 역사적 가치와 오늘날의 창조적 에너지가 만나는 접점에서, 전통의 깊이와 혁신의 활력이 서로를 풍성하게 만드는 문화적 장소로 북촌을 재탄생시켜 나가고자 합니다.

나가며

북촌에서 맨해튼까지, 문화 대사관의 꿈

　　　　　　직업병이라는 게 몸에만 생기는 건 아닌 모양입니다. 마음에도, 꿈에도 스며들어 밤잠을 설치게 만드니까요. 교육계 종사자는 새 학기가 다가오면 아무리 찾아도 강의실이 보이지 않거나, 학생들 앞에 섰는데 목소리가 나오지 않는 꿈에 시달린다고 합니다. 의료계 종사자는 응급실에 환자들이 쓰나미처럼 몰려오거나 수술대에서 메스를 놓치는 꿈을 꾸다 식은땀을 흘리며 깨어난다고 하고요.

　저는 팬데믹이 다시 찾아오는 악몽을 자주 꿉니다. 팬데믹은 호텔 업계에 날벼락이었습니다. 호텔 사업자의 생존을 위협할 만큼 치명적인 사건이었지요. 물론 팬데믹 시절에도 특수를 누린 사업자가 있었습니다. 독채형으로 운영되는 지역의 한옥 스테이들은 '안전한 격리 여행'을 찾는 국내 관광객 덕분에 예상치 못한 호황을 누렸습니다. 불행하게도 노스텔지어처럼 외국인 투숙객의 비중이 높은 호텔에 코로나19는 치명타였습니다. 하늘길이 막히고 국경이 닫히자 모든 것이 멈춰 버렸습니다. 자력으로 통제할 수 없는 천재지변이라는 고비를 경험한 저로서는 전염병이 전 세계적으로 다시 창궐해 해외 관광객의 출입이 어려워지는 것은 상상하기 싫을 정도로 두려운 일입니다.

그러나 용기를 내서 두려움에 자주 맞서고 있습니다. 두렵다고 외면하면 리스크 대비는 근본적으로 가능하지 않습니다. 두려움을 직시하는 일은 누구나 어렵지만, 그 어려운 일을 해낼 때 우리는 한 뼘씩 성장합니다. 마주하기 싫은 감정을 직면할 때 자아는 단단해지고, 마주하기 싫은 일을 대면할 때 커리어는 확장되며, 마주하기 싫은 과거의 실패를 대면할 때 '나다움'을 찾을 가능성이 열리는 것 같습니다.

다시 열린 하늘길을 바라보며 노스텔지어의 다음 장을 구상하고 있습니다. 2020년, 엠파이어 스테이트 빌딩 전망대에서 맨해튼을 내려다보던 순간이 지금도 선명합니다. 마천루 사이로 흐르는 끝없는 인파의 물결을 보노라니 프랭크 시내트라의 〈뉴욕, 뉴욕 New York, New York〉에 담긴 도전 정신이, 제이지가 〈엠파이어 스테이트 오브 마인드 Empire State of Mind〉에서 노래하는 꿈의 도시에 대한 찬미가 가슴속에서 울려 퍼지는 것 같았습니다. 가슴 속에서 호연지기가 솟구치며 무언가가 꿈틀거리기 시작했습니다. 나도 이 무대에서 뭔가 해 보고 싶다는 강한 동기가 생겼습니다. 뉴욕이라는 도시만이 품은 특별함, 그러니까 세계 각지에서 몰려든 사람들이 만드는 치열한 경쟁과 창조의 에너지, 24시간 잠들지 않는 도시의 맥박을 온몸으로 느꼈기 때문일까요. 언젠가 이 글로벌 무대에서 저만이 할 수 있는 비즈니스를 선보이겠다고 다짐했습니다.

2022년 봄, 김환기 화백이 뉴욕에 머물던 시절(1963~1974)에 개인전을 열었던 포인텍스터 갤러리Poindexter Gallery를 여러 기록을 뒤져 어렵사리 찾아내었습니다. 기대감을 안고 건물의 주소지인 '24, EAST 84, NewYork, 10028'를 찾아갔지만, 그 자리에는 전혀 다른 모습의 신축 건물이 들어서 있었습니다. 탐방의 목적이 소실된 그 자리에서 저는 깊은 울림을 느꼈습니다. 그 시절 뉴욕 곳곳에는 한국에서 온 예술가들이 각자의 언어로 고국을 이야기하고 있었습니다. 김환기 화백만이 아니었습니다. 어떤 이는 붓끝에 고향의 달을 담았고, 어떤 이는 종이 위에 스며드는 먹물로 한국의 정서를 표현했습니다. 가야금 줄을 퉁기거나 대금을 불며 태평양 넘어 작은 반도의 소리를 들려주는 이도 있었고요.

그들은 낯선 땅에서 자신들이 태어나고 자란 나라를 알리는 문화 외교관 역할을 하고 있었습니다. 그들이 닦아 놓은 길을 그리며 문득 깨달았습니다. 이제는 우리 세대가 그 바통을 받을 차례인 것을요. 예술가들이 붓으로 그랬듯이, 저는 공간으로, 경험으로, 호스피탈리티로 한국 문화의 정수를 전달할 수 있지 않을까 생각했습니다. 앞선 세대가 개척한 문화적 토양 위에서 친밀한 방식으로 한국을 세계와 연결하는 역할을 해야겠다는 사명감이 생겼습니다.

노스텔지어는 북촌을 넘어 뉴욕에서 비즈니스를 확장하고자 하는 꿈이 있습니다. 저희가 그리는 글로벌 확장은 한옥 호텔의 숫자를 늘리는 것과는 거리가 멀고요. '한국 문화 대사관' 역할을 하는 특별한 공간을 만들고자 합니다. 뉴욕을 출발점으로 삼아 파리 센강변, 밀라노 패션 지구, 로마 고대 유적 사이, 베네치아 운하 옆까지 지구촌 문화 허브마다 노스텔지어의 깃발을 꽂아 두고 싶습니다. 그 도시만의 독특한 문화적 DNA와 한국의 고유한 아름다움이 자연스럽게 만나는 접점을 찾을 수 있다고 생각합니다.

노스텔지어를 시작할 때 저를 고민스럽게 한 것은 한옥이라는 전통 가옥에 현대적 콘텐츠를 지속해서 공급하는 문제였습니다. 나아가 북촌 한옥마을에서 활동하는 우수한 한국 문화 브랜드들과 협력해 외국인 관광객에게 '북촌'을 하나의 브랜드로 각인시키는, 즉 북촌의 도시 브랜딩을 완성하는 일에 대한 걱정도 컸습니다. 주변에서 '한옥 호텔로 큰돈 벌 생각은 접어라', '한류 붐도 언젠가는 식을 텐데 그때는 어쩔 거냐?'는 현실적인 조언이 쏟아져 나왔습니다. 솔직히 그런 말들이 마음에 걸리지 않았다면 거짓말일 겁니다. 그런데도 흔들리지 않을 수 있었던 건 마음

깊숙한 곳에 자리 잡은 어떤 믿음 때문이었던 것 같습니다.

저는 북촌 한옥마을 곳곳에 떨어져 있는 노스텔지어의 각 한옥을 유기적으로 연결하고, 한국 작가들이 심혈을 기울여 만든 크래프트 작품을 소개하고, 그 작품을 일상 제품으로 경험하게 하며, 예술 콘텐츠를 직접 경험하게 만드는 일을 일련의 시스템으로 만드는 데 골몰했습니다. 한국 문화를 다차원적으로 보여주는 것, 어디서도 경험할 수 없는 절대적으로 독특한 한국식 호스피탈리티 모델을 완성하는 것이 제 목표입니다.

한 나라의 문화가 유행을 넘어 인류사에 길이 남을 문명으로 승화되려면, 그것을 뒷받침하는 고유한 시스템과 제도적 기반이 필요합니다. 지금 한국 문화는 의복에서 음식, 주거 양식, 예술에 이르기까지 전방위적으로 세계인의 마음을 사로잡고 있습니다. 그 폭발적 확산세를 보면 성장 잠재력이 얼마나 큰지 가늠하기 어려울 정도입니다. 사람들이 한국이라는 나라에 문화적 친밀감을 느끼기 시작한 지금이야말로 절호의 기회라고 생각합니다. 단발성 수익에 안주할 게 아니라, 이 관심과 애정이 지속될 수 있는 견고한 문화적 인프라를 구축하기에 안성맞춤입니다. 현재 세대에게만 소비되고 마는 순간적 유행이 아니라, 후손에게까지 전해질 문명사적 자산의 기초를 지금 우리 손으로 다져야 할 때입니다. 그래야 진정한 의미의 문화적 지속성을 확보할 수 있을 테니까요.

노스텔지어의 긴 여정을 응원해 주고 물심양면으로 지원해 준 사랑스러운 아내 상화에게 특별한 고마움을 전하고 싶습니다. 그녀가 없었다면 노스텔지어는 애초에 시작하지도 못했을 겁니다. 또한 종종 막힌 크리에이티브 길목에서 뜻밖의 조언을 해 주고 있는 두 딸 규린, 채원에게 감사한 마음을 전하고 싶습니다. 저를 믿고 험난한 이 길을 같이 걸어가고 있는 파트너 종웅, 연재, 수경에게도 늘 고마운 마음입니다. 지금도 어려운 환경에서 같은 목표를 향해 고생하고 있는 노스텔지어 직원 모두에게 감사드립니다. 실버, 퍼플, 그린, 레드, 그레이, 핑크, 골드, 스톤, 화이트, 카키, 오렌지, 레몬, 크림, 시안, 스카이, 네이비, 마젠타, 키위, 릴리, 베리, 오션, 로즈, 모카, 바닐라, 차콜. 한 번 노스텔지어와 인연을 맺은 동료들은 영원한 노스텔지어인으로 남습니다. 늘 사심 없는 도움을 주는 재균 형에게도 각별한 감사의 마음 전하고 싶습니다. 마지막으로 노스텔지어의 출발부터 남다른 애정으로 각별한 도움을 주는 디자인하우스의 이영혜 대표님께 지면을 빌려 형언할 수 없는 감사의 마음을 전하고 싶습니다. 또한 이 책을 마무리할 수 있도록 오랜 시간 부족한 저를 이끌어 주신 김선영 편집장님과 박은영 작가님에게도 깊은 애정의 마음을 드리고 싶습니다.

　브랜드는 하나의 완전한 세계입니다. 브랜딩은 제품을 파는 것이 아닙니다. 하나의 완전한 세계를 만드는 것입니다. 사람들이 그 세계에 들어와 머물고 싶어 하는, 그런 매력적인 우주를 만드는 것입니다. 당신의 브랜드 세계가 성공하길 응원하겠습니다.

도심 한옥에서 브랜딩을 찾다

1판 1쇄 인쇄 2025년 10월 27일
1판 1쇄 발행 2025년 11월 3일

지은이 박현구
펴낸이 이영혜
펴낸곳 ㈜디자인하우스

책임편집 김선영
글도움 박은영
표지디자인 홍은주, 김형재
본문디자인 프롬디자인
교정교열 이진아
사진 노스텔지어
홍보마케팅 서민주
영업 문상식 소은주
제작 정현석, 민나영
아트디렉션 김홍숙
라이프스타일부문장 이영임

출판등록 1977년 8월 19일 제2-208호
주소 서울시 중구 동호로 272
대표전화 02-2275-6151
영업부직통 02-2263-6900
대표메일 dhbooks@design.co.kr
인스타그램 instagram.com/dh_book
홈페이지 designhouse.co.kr

ⓒ 박현구, 2025
ISBN 978-89-7041-323-5 03320

- 책값은 뒤표지에 있습니다.
- 이 책 내용의 일부 또는 전부를 재사용하려면 반드시 ㈜디자인하우스의 동의를 얻어야 합니다.
- 잘못 만들어진 책은 구입하신 서점에서 교환해 드립니다.

디자인하우스는 독자 여러분의 소중한 아이디어와 원고 투고를 기다리고 있습니다. 원고가 있으신 분은 dhbooks@design.co.kr로 개요와 기획 의도, 연락처 등을 보내 주세요.